奶茶店｜咖啡店｜甜品店 怎样开
从开业筹办到运营管理

容莉——编著

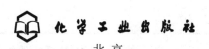

化学工业出版社

·北京·

U0319658

内容简介

《奶茶店、咖啡店、甜品店怎样开：从开业筹办到运营管理》一书内容涵盖了奶茶店、咖啡店、甜品店开办的相关知识，主要从开店前期筹划、开店营业筹备、原料采购管理、成品制作管理、门店运营管理五个方面，对于如何开一家奶茶店、咖啡店、甜品店进行了详细的介绍和规划。

本书图文并茂，穿插大量的实战案例，实用性强，可供奶茶店、咖啡店、甜品店的管理者、从业人员，以及有志于从事奶茶店、咖啡店、甜品店管理的人士学习参考。

图书在版编目（CIP）数据

奶茶店、咖啡店、甜品店怎样开：从开业筹办到运营管理/容莉
编著. —北京：化学工业出版社，2021.8（2023.10重印）
ISBN 978-7-122-39317-3

Ⅰ.①奶… Ⅱ.①容… Ⅲ.①饮料-专业商店-经营管理②咖啡
馆-经营管理③甜食-商店-商业经营 Ⅳ.①F719.3

中国版本图书馆CIP数据核字（2021）第116154号

责任编辑：陈　蕾　　　　　　　　　　　文字编辑：王春峰　陈小滔
责任校对：王鹏飞　　　　　　　　　　　装帧设计：尹琳琳

出版发行：化学工业出版社（北京市东城区青年湖南街13号　邮政编码100011）
印　　装：大厂聚鑫印刷有限责任公司
710mm×1000mm　1/16　印张11¹/₂　字数212千字　2023年10月北京第1版第3次印刷

购书咨询：010-64518888　　　　　　　　售后服务：010-64518899
网　　址：http://www.cip.com.cn
凡购买本书，如有缺损质量问题，本社销售中心负责调换。

定　　价：58.00元

前言
PREFACE

　　开店创业是很多人的梦想和事业的起点，创业者都希望能开店盈利，可是又不懂得如何开店，给自己的生意造成了大量不确定的因素和风险，所以开店创业是一个需要在理论与实践上不断学习和提升的过程。首先要在开店前就做好准备。开店前进行市场调查，对于要开的店进行规划，进入市场调查此类型店铺的数量、位置、客流、平均收益等。

　　开家奶茶店、咖啡店、甜品店的创业门槛不高，投资额不大，投资回报率较高。不管是加盟连锁还是个人创意开单店，都比较适合年轻人，可以积累经验和资源，是开店创业值得考虑的选择。

　　然而，投资开店并不是一蹴而就的事，要经过详细且严谨的筹划，做好精打细算之后，才能正式运营。然而许多加入奶茶店、咖啡店、甜品店行业的创业者、经营者、管理者并不知道如何去实际运作。

　　基于此，我们组织具有实际开店运营经验的一线从业者编写了《奶茶店、咖啡店、甜品店怎样开：从开业筹办到运营管理》一书。本书内容涵盖了奶茶店、咖啡店、甜品店怎样开办的相关知识，主要从开店前期筹划、开店营业筹备、原料采购管理、成品制作管理、门店运营管理五个方面，对于如何开一家奶茶店、咖啡店、甜品店进行了详细的介绍和规划。

　　本书图文并茂，穿插大量的实战案例，实用性强，可供奶茶店、咖啡店、甜品店的管理者、从业人员，以及有志于从事奶茶店、咖啡店、甜品店管理的人士学习参考。

　　由于笔者水平有限，疏漏之处在所难免，敬请读者批评指正。

　　本书得到了深圳职业技术学院学术著作出版基金资助，在此深表感谢！

编著者

目录

CONTENTS

第1章　开店前期筹划

　　投资开店并不是一蹴而就的，而要经过一步一步细致筹划，做好精细打算之后，才能正式运营。没有计划好就匆匆开店的风险是很大的，只有充分地重视前期的准备工作，才能真正地为以后的开店事业铺平道路。

第2章　开店营业筹备

在做好前期的筹划工作之后，就可以着手选择店址了。合适的店址，加上精心的装修，配上相应的设备和人员，就基本为门店的开业做好准备了。

第3章　原料采购管理

想开店创业，一定要做好原料采购工作，选好原料就是把握了门店的关键。采购工作做得好，不但能控制经营成本，还能提升产品质量。因为好的产品离不开好的原料。

第4章　成品制作管理

消费者在购买奶茶/咖啡/甜品的时候有时会遇到这样的问题：明明是同一款产品，口味却有差异。这主要是因为产品制作技术不同。每一位投资开店的人都希望门店盈利，取得丰厚的收益。但要有过硬的技术，才能制作出好的产品。

第5章　门店运营管理

虽说奶茶店、咖啡店、甜品店的市场前景广阔，消费者对此的需求量很大，有些门店的生意也很火爆，但是想要自己的店铺能够获得可观的收益以及长远的发展优势，店主必须在门店的经营和管理上下功夫。

| 7 | 在外卖平台或者地图上调查各个店铺的分布密度、周围的商圈客流群等 |
| 8 | 观察线上店铺的热销产品，看哪个价格区间产品销量高，统计菜单的分类还有线上店铺的营销活动等 |

图1-1 商圈调查的内容

1.1.3 商圈调查的方式

投资者在做商圈调查时，可采取观察法或访问法的方式。

1.1.1.1 观察法

观察法，即调查人员亲临顾客购物现场，直接观察和记录顾客的类别、购买动机和特点、消费方式和习惯，商家的价格与服务水平、经营策略和手段等，这样取得的一手资料更真实可靠。要注意的是你的调查行为须合理合法。

1.1.1.2 访问法

访问法，即事先拟定调查项目，通过面谈、信访、电话、问卷等方式向被调查者提出问题，以获取所需要的调查资料。这种调查简单易行，有时也不一定很正规，在与人聊天闲谈时，就可以把你的调查内容穿插进去，在不知不觉中进行市场调查。

 相关链接

咖啡店市场需求调查问卷

Q1：您的性别？

○男 ○女

Q2：您的年龄？

○18～24岁 ○25～30岁 ○31～40岁

○41～50岁 ○51～60岁 ○60岁以上

Q3：您从事的行业？

○学生 ○商业金融 ○传媒艺术

○行政及管理 ○IT行业 ○其他

Q4：您的月收入是？

○ 3000 元及以下　　　○ 3001 ～ 5000 元　　　○ 5001 ～ 8000 元

○ 8000 元以上

Q5：您的月支出是？

○ 2000 元及以下　　　○ 2001 ～ 3000 元　　　○ 3001 ～ 4000 元

○ 4001 ～ 5000 元　　　○ 5000 元以上

Q6：您喜欢喝咖啡吗？

○ 喜欢　　　　　　　　○ 一般　　　　　　　　○ 不喜欢

Q7：您去咖啡店的频率？

○ 基本每天都去　　　　○ 一周 4 ～ 6 次　　　○ 一周 2 ～ 3 次

○ 很少去

Q8：您认为咖啡厅开在什么位置最合适？

○ 办公楼内　　　　　　○ 住宅区附近　　　　　○ 商场内

○ 公园内　　　　　　　○ 工业园区　　　　　　○ 学校附近

○ 其他

Q9：您对咖啡厅的风格有什么想法，您比较喜欢哪种环境？

○ 主题浓厚　　　　　　○ 朴素浪漫　　　　　　○ 个性张扬

○ 清新优雅　　　　　　○ 现代简约

Q10：您觉得哪类咖啡比较好喝，您喜欢哪一类口味？

○ 拿铁　　　　　　　　○ 意大利咖啡　　　　　○ 摩卡

○ 卡布奇诺　　　　　　○ 没喝过咖啡　　　　　○ 其他

Q11：您觉得咖啡厅除了卖咖啡外，以下哪些产品是必要的？

○ 面包（吐司切片）　　○ 糕点（太阳饼、蛋黄酥）

○ 茶水、饮料　　　　　○ 西式或法式蛋糕

Q12：您去咖啡厅喝咖啡时更注重的是什么？

○ 咖啡店的环境　　　　○ 咖啡店的服务态度

○ 咖啡的味道　　　　　○ 咖啡店的地理位置

○ 咖啡店的特色

Q13：园区开放的咖啡厅搭配的点心的价格区间您希望是多少？

○ 10 ～ 15 元 / 个　　　○ 16 ～ 20 元 / 个　　　○ 21 ～ 25 元 / 个

Q14： 您有打算以公司的名义团购外送吗？

○有　　　　　　　　○没有　　　　　　　　○不感兴趣

Q15： 如果工业园区的咖啡厅开业，它具有优雅的环境、美味的点心、优良的服务，但消费价格相对较高，您愿意成为它的顾客吗？

○愿意　　　　　　　○不愿意　　　　　　　○看情况而定

Q16： 您觉得咖啡厅里设置音乐或者其他影视设备、图书杂志等，有这个必要吗？

○有　　　　　　　　○没有　　　　　　　　○无关紧要

Q17： 您觉得在咖啡厅里人均消费多少可以接受？

○30元以内　　　　　○50元以内　　　　　○100元以内

○200元以内

Q18： 如果您平时需要外出会客，您大多数会去什么地方？

○咖啡馆　　　　　　○麦当劳、肯德基、必胜客

○甜品店　　　　　　○茶楼、饭馆

○普通餐厅　　　　　○西餐厅

非常感谢您对我调查工作的配合！如有建议，请留下您宝贵的意见！

1.1.4　商圈分析

商圈就是指店铺以其所在地点为中心，沿着一定的方向和距离扩展，那些优先选择到该店来消费的顾客所分布的地区范围，换言之就是门店顾客所在的地理范围。

1.1.4.1　商圈范围

不同的门店由于经营商品、交通因素、地理位置、经营规模等方面的不同，其商圈规模、商圈形态存在很大差别。即使是同一个门店，在不同时间也可能会因为不同因素的影响，而引致商圈的变化。比如说原商圈内出现了竞争，可能吸引了一部分的顾客，也可能流失了一部分顾客，商圈规模时大时小，商圈形态表现为各种不规则的多角形。为便于分析，通常是以门店设定地点为圆心，以周围一定距离为半径所划定的范围作为商圈。

但是对一家门店而言，其商圈范围除了周围的地区外，对于交通网分布的情形

也必须列入考虑，顾客利用各种工具即可很容易来店的地区也应该被纳入商圈。

门店的销售活动范围通常都有一定的地理界限，即有相对稳定的商圈。一般来说，门店常见的商圈分布及优劣势如图1-2所示。

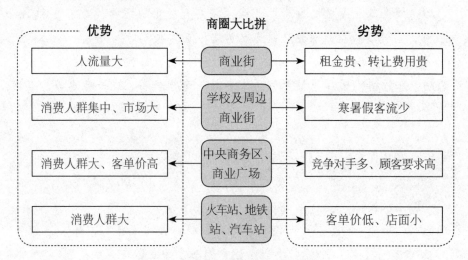

图1-2　门店常见的商圈分布及优劣势

1.1.4.2　找准商圈

投资者在选址之前要找准商圈，那么如何找准商圈呢？具体方法如图1-3所示。

图1-3　找准商圈的方法

（1）收集、分析城市人口及经济数据。很多门店在选址的时候，首先要做市场调查，收集该城市的人口、经济收入、消费水平等信息，获得第一手的市场资料。

（2）评估、选择商圈。在获得第一手的市场资料之后，就要对数据进行分析，再实地考察该城市的主要商业区域，并划分出商圈类型。

（3）统计、分析商圈内人口总数及特征。划分了商圈之后，就需详细了解目标商圈内的常住人口、流动人口数量，平均消费及目标顾客前往该商圈的交通方式等。

（4）选择集客点。在确定商圈后，就要找到商圈中人们的聚集区域，也就是集客点，在每个商圈中都有可能有好几个集客点。在选择集客点时，要实地考察该场所或区域是否有大型百货商场、购物中心、医院、学校及娱乐和休闲中心等，并就其规模做出规模估算和相关数据统计。

（5）评估集客点。对所选定的集客点进行评估，看是否具有商业潜能，也就是说考察在该地投资开店是否能赚钱。具体步骤如图1-4所示。

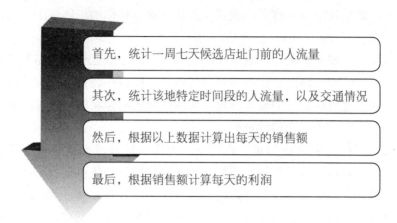

首先，统计一周七天候选店址门前的人流量

其次，统计该地特定时间段的人流量，以及交通情况

然后，根据以上数据计算出每天的销售额

最后，根据销售额计算每天的利润

图1-4　集客点评估的步骤

当明确了每天的利润之后，就可以判断该地是否适合经营你所选取的项目。通过这一整套系统的考察分析，相信你一定能找到你所需要的地段。

1.1.4.3　商圈分析需考虑的因素

选择商圈，其实就是选择了门店的主要消费人群。不同的商圈会吸引不同类型的消费者，而如果你选择将门店开在这个商圈，那么你店里的消费人群最好是跟这个商圈相吻合。那么我们应该怎样去确定一个商圈是否适合开奶茶店、咖啡店、甜品店？为开店选择商圈应该从哪些方面来考虑呢？一般来说，可从图1-5所示的三个方面来考虑。

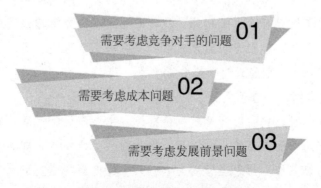

需要考虑竞争对手的问题　01

需要考虑成本问题　02

需要考虑发展前景问题　03

图1-5　商圈分析应考虑的因素

（1）需要考虑竞争对手的问题。在你决定自己的门店是否进入一个商圈的时候，一定要充分了解在这个商圈里已经有多少个竞争对手存在，有没有潜在的竞争对手也正准备进入这个商圈，同时也要看这些竞争对手的定位是和你的门店有差别还是差不多。如果竞争对手过多，或者这些竞争对手和你的门店过于类似，那么就需要慎重考虑一下了。

（2）需要考虑成本问题。在准备开店的时候，对于开这一家店需要花多少资金大家都会有一个计划，同时也会准备好这些资金，所以在选择店铺位置的时候，一定要考虑店铺位置所在商圈的成本问题，包括店铺的租金和转让费，如果超出预算太多，对整个开店过程都会造成影响。

（3）需要考虑发展前景问题。有些新的商圈，没准过一两年人气就会慢慢旺起来，有些老商圈可能因为各种原因而客流量慢慢减少。所以在为门店选址的过程中，不能单单看你要选择的这个商圈现在的情况，更要看到其以后的发展，同时也可以通过周边人群的变化、城市规划的方向做出一个合理的预测，这样才能选择适合开店的商圈。

 **相关链接**

不同商圈的奶茶店有什么区别

要知道店铺位置不同，面临的顾客群体也就会不一样，为你带来的客流和生意额也不尽相同。那么，在不同商圈的奶茶店有什么区别呢？

1.依附式店铺——高标准高要求

依附式店铺虽然客源集中，营业额比较稳定，但经营成本高。如果整体出现问题，将受到波及而陷入困境。在购物广场内开设的一些奶茶店就属于依附式店铺。这类店铺对经营水平和营业员的专业水准的要求都比较高，对经营产品的品质要求也高，经营者在此开店前必须有一个清醒的认识，从而妥善处理好相关问题，否则后期经营起来将会很吃力。

2.紧贴式店铺——合理促销

通俗地讲，紧贴式的店铺就是打价格战，主要靠促销活动、较低的价格吸引消费者进店消费而生存的一种店铺，例如在大型商超、百货等这些人流较多地段所开设的奶茶店。对于经营者而言，只要能把消费者吸引到店铺，提高营业员的销售能力，用品牌形象来吸引消费者，就能成功。现在这种类型的店铺越来越多，开店的速度也越来越快，并且都取得了很好的业绩和利润回报。

3.精品店——品牌加形象完美结合

之所以叫精品店，是因为其品牌形象和服务都是值得被赞扬的，不仅如此，在奶茶店这个大群体中，此类堪称主流，良好的品牌和优质的形象让奶茶加盟店成为精品。精品店应具备有诱惑力的营销策划活动推广，并做好差异化服务（全面差异化或者专门差异化），要有合理的经营定位，确保产品的特色，如此才能让顾客留下深刻的印象，不至于湮没在茫茫商铺之中。店铺选址上，切忌在商圈和商业街的两头开店。对于走精品路线的奶茶店而言，必须以品牌的差异化为优势，坚持走特色之路才是店铺长久发展的动力。

4.社区店——品质与服务兼备

城市建设发展越来越快，居民区越来越多，社区由城镇开始向农村发展，面积在逐步扩大，居住越来越分散，而社区奶茶店将会有更好的发展前景。社区店必须解决好品牌品质和服务到位的问题。如果品牌质量不好、服务不到位，顾客就会流失，顾客流失后再回来的可能性并不大。社区店要选择有拉动力的品牌，顾客觉得满意，感觉服务到位，客源就会稳定，利润就有保证。

1.2 选择开店模式

资深人士认为，若想开设门店，创业者有相关工作经验，并曾担任过经营管理职务的，创业者可考虑独立开店。但若无经验，选择合适的加盟体系，从中学习管理技巧，也不失为降低经营风险的好方法。

1.2.1 个人独资经营

个人独资经营是指由一个自然人投资，全部资产为投资人所有，其典型特征是个人出资、个人经营、个人自负盈亏和自担风险。

1.2.1.1 个人独资经营的特征

个人独资经营具有表1-1所示的特征。

表 1-1　个人独资经营的特征

序号	特征	具体说明
1	投资主体方面的特征	个人独资企业仅由一个自然人投资设立。这是独资企业在投资主体上与合伙企业和公司的区别所在。我国合伙企业法规定的普通合伙企业的投资人尽管也是自然人，但人数为 2 人以上；公司的股东通常为 2 人以上，而且投资人不仅包括自然人还包括法人和非法人组织。当然，在一人有限责任公司的场合，出资人也只有 1 人
2	企业财产方面的特征	个人独资企业的全部财产为投资人个人所有，投资人（也称业主）是企业财产（包括企业成立时投入的初始出资财产与企业存续期间积累的财产）的唯一所有者。基于此，投资人对企业的经营与管理事务享有绝对的控制与支配权，不受任何其他人的干预。个人独资企业就财产方面的性质而言，属于私人财产所有权的客体
3	责任承担方面的特征	个人独资企业的投资人以其个人财产对企业债务承担无限责任。这是在责任形态方面独资企业与公司（包括一人有限责任公司）的本质区别。所谓投资人以其个人财产对企业债务承担无限责任，包括三层意思： （1）企业的债务全部由投资人承担； （2）投资人承担企业债务的责任范围不限于出资，其责任财产包括独资企业中的全部财产和其他个人财产； （3）投资人对企业的债权人直接负责。换言之，无论是企业经营期间还是企业因各种原因而解散时，对经营中所产生的债务如不能以企业财产清偿，则投资人须以其个人所有的其他财产清偿
4	主体资格方面的特征	个人独资企业不具有法人资格。尽管独资企业有自己的名称或商号，并以企业名义从事经营行为和参加诉讼活动，但它不具有独立的法人地位。 （1）独资企业本身不是财产所有权的主体，不享有独立的财产权利； （2）独资企业不承担独立责任，而是由投资人承担无限责任

1.2.1.2　个人独资经营的优点

个人独资经营的企业由个人全资拥有，投资人对门店的任何事务具有绝对决策权,同时也需要承担无限责任。一般而言,个人独资经营开店有三个优点,具体如图1-6所示。

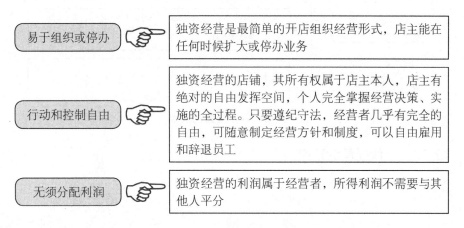

图1-6 个人独资经营的优点

1.2.1.3 个人独资经营的缺点

个人独资经营开店有优点就会有缺点,其缺点具体如图1-7所示。

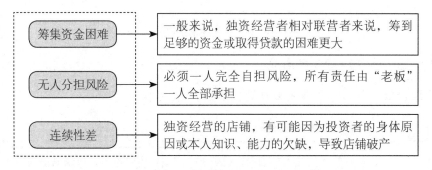

图1-7 个人独资经营的缺点

1.2.2 合伙经营

合伙经营是由两个以上合伙人订立合伙协议,按照协议,各自提供资金、实物、技术等,合伙经营、共同劳动,合伙人共享收益,共担风险。

1.2.2.1 合伙经营的优点

合伙经营具有图1-8所示的优点。

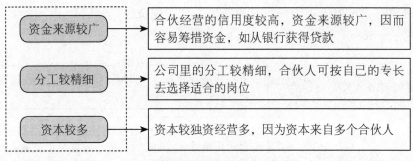

图1-8　合伙经营的优点

1.2.2.2　合伙经营的缺点

合伙经营的缺点如图1-9所示。

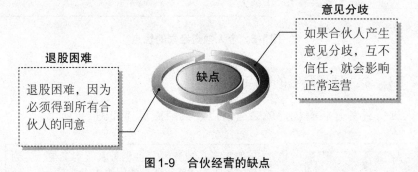

图1-9　合伙经营的缺点

1.2.2.3　合伙经营注意事项

采取合伙经营时，创业者要注意图1-10所示的事项。

> **事项一**　**能力强的人要特殊对待**
>
> 有些人的能力特别强，但是不一定适合当合伙人，可以采用"高薪＋分红"的方式来留人，而不是股份合伙的方式

> **事项二**　**彼此建立良好沟通关系**
>
> 在合作过程中最忌讳的是互相猜忌、打小算盘，这样的合作肯定不会长久。出现问题要本着真诚、互信、公平的态度来解决

> **事项三**　**处理冲突时做最坏打算**
>
> 合伙人出现意见分歧时，做最坏的打算，心中有数，处理问题时就会以比较平和的心态理性地去面对，从而让事情得到圆满解决

事项四	避免各方亲友在公司里上班
	在公司里最好不要有双方的亲戚，那样可能会造成一些公私不分、家事与公事感情纠缠的麻烦，会动摇合伙人之间的合作基础

图1-10 合伙经营注意事项

如何处理合伙分红争议

如果合伙人之间因为分红起争议，可采取以下的方法来处理。

1.法律依据

根据《中华人民共和国民法典》相关条文，合伙人应当对出资数额、盈余分配、债务承担、入伙、退伙、合伙终止等事项，订立书面协议。当事人之间没有书面合伙协议，但具备合伙的其他条件，有两个以上无利害关系人证明的口头合伙协议或者有其他证据证明的，可以认定为合伙关系。

2.利益分配

个人合伙利润的分配，可以是平均分配，也可以按出资比例分配，双方可以自主协商确定。比如：各自提供资金、实物、技术等，合伙经营、共同劳动，合伙人可以撇开工资不谈，商定一个分配的比例，如三七分，则5000元利润，你可以分得1500元，对方分得剩下的3500元。但如果合伙前没有达成协议，那就好比游戏前没有制定游戏规则，这游戏就很难玩下去。

3.法律规定

如果门店经工商行政管理部门登记为合伙企业，则权利义务适用《中华人民共和国合伙企业法》的规定。《合伙企业法》第三十三条规定：合伙企业的利润分配、亏损分担，按照合伙协议的约定办理；合伙协议未约定或者约定不明确的，由合伙人协商决定；协商不成的，由合伙人按照实缴出资比例分配、分担；无法确定出资比例的，由合伙人平均分配、分担。

4.合伙或债权关系

如果门店经工商行政管理部门登记为个体工商户，则营业执照上的经营者是谁，可以说门店就是谁的。如果经营者的姓名为对方，且对方把你的出资当作借款，则你与对方只有债权债务关系，而门店与你并不相关，那只会白白承担经营风险，因此这种情况是最需要提防的。

1.2.3 加盟连锁经营

1.2.3.1 加盟连锁的形式

目前连锁经营包括直营连锁、特许经营两种形式，具体如图1-11所示。

直营连锁	特许经营
指连锁公司的店铺均由公司总部全资或控股开设，在总部的直接领导下统一经营。总部对店铺实施人、财、物及商流、物流、信息流等方面的统一管理。直营连锁作为大资本运作，具有连锁组织集中管理、分散销售的特点，充分发挥了规模效应	指特许者将自己所拥有的商标、商号、产品、专利和专有技术、经营模式等以特许经营合同的形式授予被特许者使用，被特许者按合同规定，在特许者统一的专业模式下从事经营活动，并向特许者支付相应的费用。由于特许企业的存在形式具有连锁经营统一形象、统一管理等基本特征，因此被称之为特许连锁

图1-11　加盟连锁的两种形式

1.2.3.2 加盟品牌的选择

创业加盟选择品牌很重要，首先选择的品牌要被大家认知，而且有知名度，当然开店的话专业技能一定要到位，这样自然就会有客源，那么我们应如何来挑选品牌呢？要领如图1-12示。

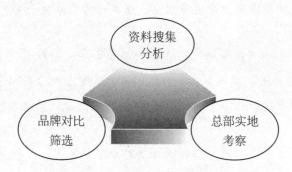

图1-12　加盟品牌的选择要领

（1）资料搜集分析。对于投资者而言，仅有激情与梦想是远远不够的，还要练就火眼金睛的本领，谨防加盟的种种陷阱。首先了解自己将要加盟的品牌，然后通过多种渠道搜集相关的品牌信誉度与该品牌运营公司的信誉度等信息。

比如，在品牌加盟网站观看网友评论，在已加盟该品牌的商家处进行市场调研都是不错的方法。

（2）品牌对比筛选。一些加盟品牌虽然在总部当地或者其他个别省份较成功，但如果进入一个新的地域，可能就会出现一段"水土不服"时期，投资者应避免选择一些名不见经传的小品牌。

开店指南

专业的咖啡、奶茶、甜品连锁机构，应有经过严格训练的专业化队伍，配以标准化的施工流程、专业化的服务，才能充分显示品牌形象，确保客户安心接受服务。

（3）总部实地考察。投资者开加盟店还应谨记市场运营有风险，一定要实地调查研究，把加盟商提供的加盟方案与自己的现实情况结合起来，以有自己特色的方式加盟。另外，需要了解该品牌的宣传力度，了解该品牌的市场走向以及相关产品的报价，做到心中有数，实时关注项目的相关资讯。

1.2.3.3　加盟的流程

加盟招商一般都有一定的流程，当然，不同的连锁品牌，其加盟的流程也不一样。对于加盟店经营者来说，流程的前期阶段非常重要，包括电话咨询、索取资料、加盟洽谈、协议讨论等。在这些过程中，加盟者除了要清楚自己的所处地位、权利和义务，确定是否有巨大商机外，还必须明确图1-13所示的事项。

是否有政策优势

服务项目怎样，是否有新、特、高等品质特色

技术力量是否雄厚

是否有投资、供货优势

成本效益怎样，是否有效地降低了投资风险

品牌优势怎样，在业内是否有极高商誉和影响力

经营管理是否科学

关于品牌、服务、竞争力、风险等有何承诺

图1-13　加盟连锁应明确的事项

1.2.3.4　加盟前期考察事项

选择一家优良的加盟商，是投资成功的关键，投资者必须把好这一关。作为投资者，在加盟连锁店前，要做好考察事项，具体如表1-2所示。

表1-2　加盟前期考察事项

序号	事项类别	具体内容
1	特许经营资质	向连锁经营的总公司索要并审查其备案资料，以防上当受骗
2	评估品牌知名度	选择知名度高、品牌形象好的连锁经营公司，这是创业成功的必要条件之一
3	考察其发展历史	一般来说，应选择有较长历史的连锁经营公司，因为公司发展越成熟，加盟所承担的风险就会越低。不过，这也不是一个绝对的参照标准
4	已运营直营店、加盟店	在选择良好的连锁经营的公司时，应充分了解其直营店和加盟店的经营状况是否良好、有无稳定营业利润、利润前景及是否具有后续性等
5	经营管理组织结构体系	优良的连锁经营公司应有组织合理、职能清晰、科学高效的经营管理组织，使各连锁店能高效运转，如具有健全的财务管理系统、完善的人力资源管理体系、整体营运管理与督导体系等
6	提供开业全面支持	一般来说，连锁经营公司提供的开业全面支持应包括以下内容：地区市场商圈选择，人员配备与招募，开业前培训，开业准备
7	加盟契约、手册	加盟者可从加盟契约、手册等资料中了解连锁经营公司的公平性、合理性、合法性、费用承受性、地域性限制、时效性、可操作性等方面的内容，决定是否选择加盟
8	加盟店成功率	一个成熟的加盟系统需要经验的长期积累和管理系统的不断完善，在正常经营的情况下，关店的情况并不多
9	加盟费用是否合理	考察加盟费用是否合理，最重要的是要看投资回报率。可以参照其他加盟店的回报率，如果觉得此系统加盟店的回报率达到自己的要求，那么加盟费用就基本是合理的

1.2.3.5　签订加盟合同

加盟者在签订加盟合约之前，一定要深入了解合约内容，以确保自身权益。不要以为加盟合约都是总部制式的范本不可修改。其实合约应是双方彼此协商达成一致后制定的。换句话说，加盟者不仅要看清内容，更有权利要求修改内容。在签订加盟合同时需要注意的事项，具体如图1-14所示。

图1-14 签订加盟合同注意事项

（1）查看相关手续。因为所谓加盟，就是总部将品牌授权给加盟店使用，换句话说，总部必须要先拥有这个品牌，才能授权给加盟店。加盟者在加盟前，务必要先确认总部的确拥有此品牌，才能放心加盟。

（2）了解加盟费用。一般而言，总部会向加盟者收取三种费用，分别是加盟金、权利金及保证金。具体如图1-15所示。

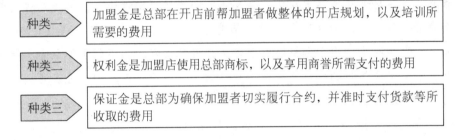

图1-15 加盟费用的种类

开店指南

权利金是一种持续性的收费，只要加盟店持续使用总部的商标，就必须定期交费。支付期限可能是一年一次，也可能是按季或是按月支付。

（3）商圈保障问题。通常加盟总部为确保加盟店的营运利益，都会设有商圈保障，也就是在某个商圈之内不再开设第二家分店。因此，加盟者对保障商圈范围有多大，必须十分清楚。

（4）竞业禁止条款。所谓竞业禁止，就是总部为保护经营技术及相关财产，不因开放加盟而外流，要求加盟者在合约存续期间，或结束后一定时间内，不得加盟与原加盟店相同行业的规定。

（5）管理规章问题。一般的加盟合约内容少则十几条，多则上百条，不过通常都会有这样一条规定，"本合约未尽事宜，悉依总部管理规章办理"。如果加盟者遇到这样的情形，最好要求总部将管理规章附在合约后面，成为合约附件。

开店 指南

　　管理规章是由总部制定的，总部可以将合约中未载明的事项，全纳入其管理规章之中，随时修改，若没有将管理规章作为合同附件，到时候加盟者就只能任由总部摆布。

　　（6）关于违约罚则。由于加盟合约是由总部所拟定，所以会对总部较为有利。在违反合约的罚则上，通常只会列出针对加盟者的部分，而对总部违反合约部分则只字未提。加盟者对此可提出相应要求，明定总部违约时的罚则条文，尤其是关于总部应提供的服务项目及后勤支援方面，应要求总部切实达成。

　　（7）关于纠纷处理。一般的加盟合约上都会明列管辖之法院，而且通常是以总部所在地的地方法院为管辖法院，为的是将来必要时，总部人员来往附近法院比较方便。

　　曾有某加盟总部在合约中规定，加盟者欲向法院提出诉讼前，需先经过总部的调解委员会调解。遇此状况时，加盟者应先了解调解委员会的组成成员为哪些人。如果全是总部的人员，那么调解的结果当然会偏袒总部，而不利于加盟者。碍于合约，加盟者又无法忽略调解委员会，而直接向法院诉讼。因此加盟者在遇到类似的条款时，应要求删除。

　　（8）合约终止处理。当合约终止时，对加盟者而言，最重要的就是要取回保证金。此时，总部会检视加盟者是否有违反合约或是积欠货款的情况，同时，总部可能会要求加盟者自行将招牌拆下，如果一切顺利且无积欠货款，总部即退还保证金。但若是发生争议，是否要拆卸招牌往往成为双方角力的重点，某些总部甚至会自行雇工拆卸招牌。此类情况需视招牌原先是由谁出资而定。若由加盟者出资的话，那么招牌的所有权就应归加盟者所有，总部虽然拥有商标所有权，但不能擅自拆除。若真想拆，就必须通过法院强制执行，如果总部自行拆除，即触犯了毁损罪。

　　（9）双方各执一份。双方签订的加盟合同，加盟者一定要自己保留一份，才能清楚了解合约内容，确保自身权益。

1.3　筹集开店资金

　　要开店，资金往往是许多人考虑的第一个问题，通常开店资金包括店面租金、装潢、设备、经营周转金等，若是选择加盟创业还包含加盟金、保证金等众多项目费用。然而，并不是每个想创业的人，都有足够的自有创业资金。因此，筹措资金的渠道就十分重要。

1.3.1 预测启动资金

启动资金，就是开店必须购买的物资和必要的其他开支，也就是从创业者为店铺开始投入至达到收支平衡前必须要准备的资金总量。

1.3.1.1 启动资金用途

开店的启动资金将用于：
（1）购买设备及相关产品。
（2）支付场地（办公室、店铺等）费用和店铺的装修费用。
（3）办理营业执照和相关许可证。
（4）购置办公家具和办公用品。
（5）开业前的广告和促销。
（6）招聘、培训员工，给员工发放工资。
（7）支付水电费、电话费等。
我们可以把启动资金按用途分为两大类，具体如图1-16所示。

图1-16 启动资金类别

1.3.1.2 投资（固定资产）预测

投资（固定资产）预测时要特别注意不同规模的、不同经营范围的门店对设备需求的差别很大。所以，投资者必须了解清楚所需的设备，选择正确的设备类型，尽量节省设备投资。即使你只需少量设备也应测算并纳入计划。

开店指南

> 设备的投资可多可少，应根据市场定位来调整。每种设备，都有高中低的档次。根据目标人群，选择合适的设备就可以了。不用贪多求大，够用就好。

1.3.1.3　流动资金预测

流动资金的最大特点就在于随时变化，店铺在达到收支平衡之前必须要有可以支付各种费用的资金。适当的流动资金准备能使创业者从容应对各种费用的支付。

（1）流动资金的范围。流动资金是门店日常运转时所需支付的资金，主要包括图1-17所示的项目。

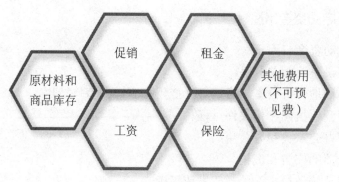

图1-17　流动资金的范围

（2）流动资金的预测。一般来说，在销售收入能够收回成本之前，投资者事先至少要准备3个月的流动资金。为预算更加准确，你可以按表1-3所示进行预测。

表1-3　流动资金的预测

序号	类别	具体说明
1	原材料和商品库存	门店营业前原材料和库存商品所需的流动资金
2	促销	包括4P（产品product，价格price，渠道place，促销promotion）计划的促销成本
3	工资	起步阶段也要给员工开工资。计算方法：月工资总额×无收支平衡的月数
4	租金	门店一开张就要支付租金，计算方法：月租金额×无收支平衡的月数
5	保险	保险有两种：社会保险和商业保险。开业时准备交的保险费也在启动资金数额内
6	其他费用	包括水电费、办公用品费、交通费、电话费、不可预见费（统称公用事业费）等。起步时纳入启动资金数额内

1.3.1.4　总的启动资金预测

总的启动资金，其计算公式为：

$$启动资金总额＝投资全额（固定资产+开办费）+流动资金总额$$

1.3.1.5　预测启动资金要注意的问题

投资者在预测启动资金时，要注意以下问题：

（1）必须意识到"启动资金周转不灵，就会导致门店夭折"。

（2）必须核实你的启动资金持续投入期，即在你没达到收支平衡之前须投入多长时间的流动资金。

（3）必须将投资和流动资金需求量降至最低。依据"必须、必要、合理、最低"的原则，该支出的必须支出，能不支出的坚决不支出。

（4）必须保持一定量的流动资金"储备"，以备不时之需。

1.3.2　筹集资金的途径

在"大众创业，万众创新"理念的指导下，很多人都走上了自己的创业之路。创业的第一步，是准备一笔创业启动资金。那么，这笔资金主要从哪里来？投资者可以从以下几方面来筹集，具体如图 1-18 所示。

图 1-18　筹集资金的途径

1.3.2.1　自有资金

自有资金就是将自己积蓄多年的钱拿出来创业，是创业的最源头资金，是店铺的真正原始投资。

1.3.2.2　向亲朋好友借

从朋友或亲戚处借钱是开办店铺最常见的做法之一。但是，一旦你创业失败，很可能短时间内无法偿还债务，从而影响与亲戚朋友间的感情。因此，你要提前向他们说明借钱给你具有一定的风险。千万不要因为自己的创业而影响到与亲朋好友的关系。这样是得不偿失的。

 开店指南

为了让亲朋好友了解你的店铺，你要给他们一份你的创业计划副本，并定期向他们报告创业的进展情况。

1.3.2.3　向银行贷款

（1）个人开店贷款的条件。个人投资开店贷款适用的范围广泛，只要符合一定贷款条件，能够提供银行认可的担保方式的个人、个体工商户、个人独资企业，都可申请投资贷款。另外，各银行还会有具体规定。

（2）申请创业贷款的方式。申请创业贷款的方式具体如表1-4所示。

表1-4　申请创业贷款的方式

序号	方式	具体说明
1	抵押贷款	抵押贷款金额一般不超过抵押物评估价的70%，贷款最高限额为30万元。如果创业需要购置沿街商业房，可以以拟购房子作抵押，向银行申请商用房贷款，贷款金额一般不超过拟购商业用房评估价值的60%，贷款期限最长不超过10年
2	质押贷款	除了存单可以质押外，以国库券、保险公司保单等凭证也可以申请个人贷款。一般，存单质押贷款可以贷存单金额的80%；国债质押贷款可贷国债面额的90%；保险公司推出的保单质押贷款的金额不超过保险单当时现金价值的80%
3	保证贷款	如果你的配偶或父母有收入稳定的工作，在贷款时可请他们为你作担保。当前，律师、医生、公务员、事业单位员工以及金融行业人员等往往被银行列为信用贷款的优待对象。一般来说，这些行业的从业人员只需找一至两个同事担保就可以在部分金融机构获得一定的保证贷款，在准备好各种材料的情况下，有的当天即能获得批准，从而较快地获取创业资金

1.3.2.4　寻找合作伙伴筹资

寻找合作伙伴筹资能够降低创业的风险，而寻找合作伙伴有一个前提便是合作伙伴要对自身的创业有促进的作用，两者的合作能够提高创业的成功率。

1.3.2.5　从供货商处赊购

除了以上筹资方式，创业者还可以从供货商那里赊一部分账。不过，这也不容易，因为大多数供货商只有在确认你的店铺能够运转良好之后，才会为你提供赊账。

1.3.2.6 加盟连锁

俗话说，背靠大树好乘凉。有许多大公司为了扩大市场份额，纷纷选择连锁经营的方式来扩充自己，为了有效而快速地扩大连锁经营的覆盖面，他们广泛吸收个体业主加盟经营。为此，他们常常会推出一系列优惠待遇给加盟者，这些优惠待遇或是免收部分费用，或是赠送设备等，虽然不是直接的资金扶持，但对缺乏资金的创业者来说，等于获得了一笔难得的资金。

1.4 办理开店手续

1.4.1 办理营业执照

营业执照是工商行政管理机关发给工商企业、个体经营者的准许从事某项生产经营活动的凭证。没有营业执照的工商企业或个体经营者一律不许开业，不得刻制公章、签订合同、注册商标、刊登广告，银行不予开立账户。

1.4.1.1 个体户办理"两证合一"

对于个体户来说，办理的营业执照为"两证合一"，即工商营业执照和税务登记证。

那么，怎样算是个体户呢？《个体工商户条例》第二条中规定：有经营能力的公民，依照本条例规定经工商行政管理部门登记，从事工商业经营的，为个体工商户。

1.4.1.2 企业办理"五证合一"

自2016年起，我国正式实施"五证合一、一照一码"的登记制度。"五证"即工商营业执照、组织机构代码证、税务登记证、社会保险登记证和统计登记证。"五证合一"后改为由工商行政管理部门核发加载法人和其他组织统一社会信用代码的营业执照，如图1-19所示。

图1-19 "五证合一"的营业执照

1.4.2　办理食品经营许可证

在中华人民共和国境内，从事食品销售和餐饮服务活动，应当依法取得食品经营许可。食品经营许可实行一地一证原则，即食品经营者在一个经营场所从事食品经营活动，应当取得一个食品经营许可证。

食品经营许可证正、副本式样如图1-20、图1-21所示。

图1-20　食品经营许可证正本式样

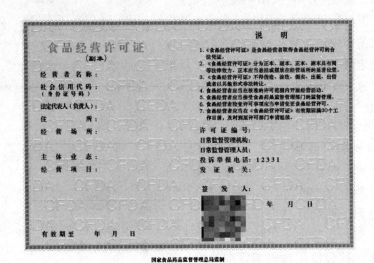

图1-21　食品经营许可证副本式样

1.4.3　办理消防手续

《中华人民共和国消防法》第十五条规定：公众聚集场所在投入使用、营业前，建设单位或者使用单位应当向场所所在地的县级以上地方人民政府消防救援机构申请消防安全检查。消防救援机构应当自受理申请之日起十个工作日内，根据消防技术标准和管理规定，对该场所进行消防安全检查。未经消防安全检查或者经检查不符合消防安全要求的，不得投入使用、营业。

餐饮经营场所具有下列情形之一的，应当向公安机关消防机构申请消防设计审核，并在建设工程竣工后向出具消防设计审核意见的公安机关消防机构申请消防验收：

（1）建筑总面积大于一万平方米的宾馆、饭店；

（2）建筑总面积大于五百平方米的夜总会、游艺厅酒吧，具有娱乐功能的餐馆、茶馆、咖啡厅。

1.4.4　办理环保许可

按照餐饮业新规，餐饮经营场所面积≥50平方米，新建店必须做环评审批，而面积<50平方米则不再需要做环评审批。环评审批，是开大型、中型餐饮店证照办理过程中不可缺少的一个步骤。

根据《中华人民共和国环境影响评价法》及《建设项目环境保护管理条例》规定，国家根据建设项目对环境的影响程度，对建设项目的环境影响评价实行分类管理，建设项目的环境影响评价分类管理名录，由国务院环境保护行政主管部门制定并公布。根据《建设项目环境影响评价分类管理名录》（环境保护部令第44号），餐饮、娱乐场所应当填报环境影响登记表，国家对环境影响登记表实行备案管理。若餐饮店未依法备案建设项目环境影响登记表的，由县级以上环境保护行政主管部门责令备案，处五万元以下的罚款。

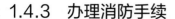 **开店**指南

　餐饮店在日常运营过程中应当遵守《中华人民共和国环境噪声污染防治法》《中华人民共和国大气污染防治法》等法律法规的要求。

第 **2** 章

开店营业
筹备

导言

在做好前期的筹划工作之后，就可以着
手选择店址了。合适的店址，加上精心
的装修，配上相应的设备和人员，就基
本为门店的开业做好准备了。

中国人经商最讲究"天时、地利、人和",对于做终端零售的经营者来说,店铺位置的好坏是能否获得盈利的关键。一个好的地址可能会让生意如日中天;反之,一个不理想的店址可能会使生意惨淡,无法经营。

2.1.1　门店选址的重要性

作为直接面向消费者的服务终端,店面选址的好坏在很大程度上决定了店面今后的生存和发展,因此业界普遍认为"店面选址成功,店面经营就成功了一半",可见店面选址的重要性。具体如图2-1所示。

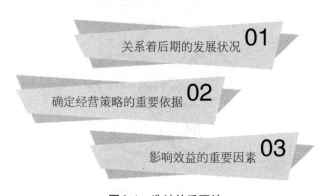

图2-1　选址的重要性

2.1.1.1　关系着后期的发展状况

开店选址是一项长期性的投资,关系着创业者店面的发展状况。店面无论是租借还是购买,一经确定,就需要大量的资金投入,而且店址不可能像人力、财力说调整就可以调整,它具有长期性和固定性,所以选址要慎重。

2.1.1.2　确定经营策略的重要依据

店址是店面确定经营目标和制定经营策略的重要依据。不同地段的地理环境、人口状况、交通条件、市政规划等决定了店面顾客的来源和特点,同时也决定了门店经营商品的内容、价格以及促销活动的选择。创业者在确定经营目标和制定经营策略的时候,必须要考虑店面所在地区的特点、策略的可实施性和目标的可实现性。

2.1.1.3　影响效益的重要因素

店址选择是否得当，是影响店面经营效益的一个重要因素。店面的正确选址就意味着其享有"地利"优势，在同行业店面之间，如果在规模相当、服务水平基本相同的情况下，选址正确必然会有较好的经济效益。

2.1.2　门店选址的原则

在门店选址问题上，业内一直存在一个较大的分歧点，即究竟是花高价选个"好位置"，还是花低价选个"大面积"？对这个问题的认识，也是衡量投资者经营眼力的重要标准。虽然看法不尽相同，但门店选址还是存在一些业内通用的规律性原则的。具体如图2-2所示。

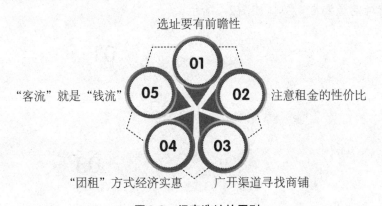

图2-2　门店选址的原则

2.1.2.1　选址要有前瞻性

并不是所有的"黄金市口"都一定赚钱，有时遇到市政规划变动，热闹的地段也有可能变成冷僻之地。因此，创业者在选址时要眼光放远些，多了解该地区将来的发展情况。

除了市政规划外，还要注意该地区未来同业竞争的情况。

2.1.2.2　注意租金的性价比

不同地理环境、交通条件、建筑物结构的店面，租金会有很大出入，有时甚至相差十几倍。对创业者来说，不能仅看表面的价格，而应考虑租金的性价比问题。

比如，对月收入在2万元左右的门店，其月租金在3000～5000元比较合适，能保证一定的毛利率。

2.1.2.3 广开渠道寻找商铺

现在有许多创业者喜欢通过报纸广告、房屋中介、房地产交易会、互联网等了解商铺信息。其实，商铺市场有个"2∶8法则"，即公开出租信息的店铺只占总数的20%，而以私下转让等方式进行隐蔽交易的却占80%。所以，寻找商铺一定要广开渠道，多管齐下。

2.1.2.4 "团租"方式经济实惠

目前，十几平方米的小商铺很抢手，租金因此水涨船高，而一二百平方米的大商铺却因滞租而身价下跌。在这种情况下，建议几个创业者以团体租赁的方式低价"吃"下大商铺，然后再进行分割，细算下来能节省不少费用。

2.1.2.5 "客流"就是"钱流"

商铺选址一定要注意周围的人流量、交通状况以及周围居民和单位的情况。对创业者来说，"客流"就是"钱流"，千万不要因为怕竞争而选在偏远地区。

2.1.3 门店选址的技巧

良好的选址能有更多的客流量，从而带来更多的利润收成。如果门店选址位置非常不错，再配合线上线下推广，一般就能够在业界打响知名度。要是投资者选错了地址，就会导致客源不足，对门店后期经营影响很大，可能让自己渐渐灰心，最后只能走向失败。投资者可以参考图2-3所示的技巧来进行正确选址。

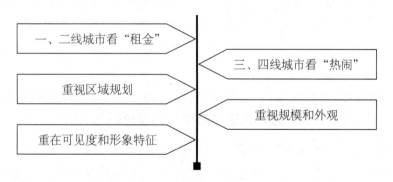

一、二线城市看"租金"

三、四线城市看"热闹"

重视区域规划

重视规模和外观

重在可见度和形象特征

图2-3 门店选址的技巧

2.1.3.1 一、二线城市看"租金"

店铺的成本是一个重要参考，门店租金多少直接关系到利润高低。尤其是在一、二线城市，昂贵的租金让很多创业者承担不起前期费用。要是能够找到适合的门店地址，并且租金自己也能够承担，就再理想不过了。

2.1.3.2　三、四线城市看"热闹"

三、四线城市选址就要看"热闹"。商圈越繁华，你赚钱的可能性就越大，但这时候竞争就会非常激烈。竞争虽然是一种威胁，但有时也是促进店铺发展的有利条件。好好分析竞争对手的优劣势并正视它们，就能够让我们在竞争中占据主动权。

2.1.3.3　重视区域规划

选址前应做好相应的准备工作，提前向当地相关部门咨询开店位置周围的建筑规划，充分了解商业区、文化区、旅游区、交通中心、居民区、工业区等的规划。掌握到店面周边建筑规划以后，就可以根据这些来规划自己的门店。

2.1.3.4　重视规模和外观

奶茶店、咖啡店、甜品店需内部格局得当，还要有足够大的空间。周围有停车场和其他必要设施为最佳。如果是多边形或三角形地段，除非面积很大，否则不可取。与此同时，要参考店铺规模和未来消费群体。

2.1.3.5　重在可见度和形象特征

好的门店选址应使顾客无论从哪个角度看，都可以见到门店。门店应能保证周边过往车辆和行人能看见，可见度往往影响店面的吸引力。同时，门店的经营内容、方式、出品质量、服务、装修等方面，都要突出自己的形象特征。特别是对处在拥挤的商业中心的门店来说，形象特征是门店吸引力的重要参考指标之一。

 **相关链接**

咖啡店选址常见的地段分析

1.火车站、机场候车厅的咖啡厅

这类咖啡厅主要的顾客群是来往的乘客，入驻标准比较高，开在这里的一般都是比较知名的品牌咖啡店，该位置的价格、消费水平等都比较高，租金也十分昂贵。

主要顾客：旅客

租金等级：5

参考面积：100平方米以下

主要产品：咖啡、饮品、甜点

2.写字楼周边的咖啡厅

这类咖啡厅最主要的顾客为上班的白领们，营业高峰期一般主要为午餐、下午茶时段，顾客光临的目的主要是就餐和小聚、商务洽谈等，一般都为高档咖啡厅。

主要顾客：白领

租金等级：4

参考面积：50 ~ 100平方米

主要产品：咖啡、饮品、甜点、餐品、小吃

3.学校附近的咖啡厅

这类咖啡厅主要的客户是学生，一般在高校周边，平时学生聊天、消遣、同学聚会或看书等都可能会光顾。咖啡厅里面书籍杂志等比较多，店内的消费也普遍较低，不过有一个问题就是季节性，寒暑假生意会比较不好。

主要顾客：学生

租金等级：3

参考面积：100平方米以下

主要产品：咖啡、饮品、甜点、餐品、小吃

4.商业区、步行街、商场里的咖啡厅

商业区、步行街、商场是约会、聊天、逛街、休息的场所，也是最适合开店的地点，什么类型的店都较适合。该地段的咖啡厅人流量较大，符合顾客需求的产品也比较丰富，不过需要有一定的特色，否则在激烈的竞争中难以脱颖而出。

主要顾客：逛街购物人群及游客

租金等级：5

参考面积：50 ~ 100平方米

主要产品：咖啡、饮品、甜点、餐品、小吃

5.住宅小区附近的咖啡厅

该类型咖啡厅必须体现提供新鲜美味的餐饮性。咖啡厅开在这里一般都会定时举办一些活动，主要通过与社区周边客户的互动来维持咖啡厅的运营。

主要顾客：住户
租金等级：2
参考面积：60平方米左右
主要产品：咖啡、饮品、甜点、餐品、小吃

2.1.4 门店选址的误区

选址是投资开店的一笔重大投资，同时也是店铺能否成功的必要条件，因此创业者在开店选址时需要非常谨慎。而很多初次投资开店的经营者往往对开店选址的了解并不多，因此在开店选址中难免会犯一些错误，容易走进选址的误区。具体如图2-4所示。

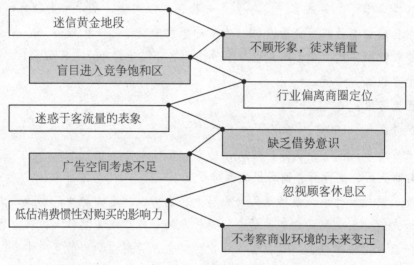

图2-4　选址的误区

2.1.4.1 迷信黄金地段

"非风水宝地不选"是很多创业者开店选址时普遍存在的一种心态。殊不知，黄金地段的昂贵租金与激烈竞争所带来的经营压力，非一般投资者所能承受。

2.1.4.2 不顾形象，徒求销量

对于经营中高端门店的投资者而言，除了考虑店址对销量的促进作用外，还应评估其对品牌形象的影响。为确保品牌形象不受损害，创业者在店铺的选址方面还

需强调周边环境的卫生、清洁、美观。

2.1.4.3 盲目进入竞争饱和区

过度集中往往会造成市场饱和。有时候，位于同一商圈的多家同类店面看起来生意都很好，实际上已达到竞争平衡的临界点。新增加一家店，市场可能就"超饱和"了，造成僧多粥少的局面，原先挣钱的都开始亏损。

2.1.4.4 行业偏离商圈定位

每个地区都有自己的整体商业网点布局。错位选址，逆势而动，往往得不到宏观政策的支撑和大环境的推动，吃力不讨好，最后只能选择撤出。

2.1.4.5 迷惑于客流量的表象

对于门店而言，除了要考虑总体的客流量外，更应深入分析客流的有效性。以为人流密集的地点就是适合开店的好商圈，这是对商圈的误解。

2.1.4.6 缺乏借势意识

做生意要成行成市，仅靠一家店面单打独斗，未必就是一件好事。巧妙地借对手的"势"，往往能对销售起到积极的促进作用。

2.1.4.7 广告空间考虑不足

店铺招牌（店招）、立牌、展示架、海报，这些常见的广告道具对于门店的销售有不可忽视的作用，运用得当能起到四两拨千斤的效果。在选址时，最好先了解门窗是否可改装为落地式大玻璃结构，当地政府对店招悬挂有无特殊要求。

2.1.4.8 忽视顾客休息区

如今的消费者越来越"挑剔"，对门店的服务完善程度越来越重视。投资者必须将这些因素考虑进去，否则店址再好，店内没有方便顾客休息的服务区以及消磨时间的一些配套服务，也很难让客户对店面满意。

2.1.4.9 低估消费惯性对购买的影响力

在选址考察时要对该地消费者的购买习惯进行深入调查，很多投资者虽然在定位、商圈的分析上下足了功夫，但因对消费者的消费特性考虑不到位，最终只能草草收场。

2.1.4.10 不考察商业环境的未来变迁

门店的投资回报周期较长，一旦周边环境发生变化，必将导致投资无法收回。

有些目前看起来很优越的位置，可能过不了多久就会因城市发展变化的要求而改造、拆除。

 **相关链接**

饮品店的几个绝佳选址地点

关于饮品店的选址，很多人脑海里出现的答案就是商业区或高校区，地段一定要好。其实不然，现实中很多饮品店做得很成功，也不一定选在黄金地段，更何况黄金地段往往同时伴随着高额的租金和转让费，无疑增加了经营风险。

对于咖啡奶茶店来说，可以通过分析消费需求和消费承受能力来细分市场，然后正确选址。具体分析见如下坐标图。

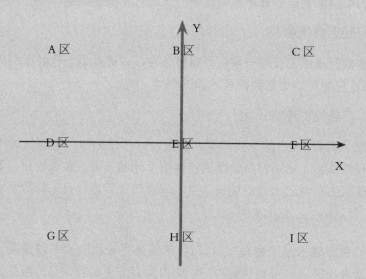

其中：X（横）轴代表消费需求性，Y（竖）轴代表消费承受力。

（1）A区：消费能力强、消费动机弱，多为潜在的机会型客户群体；在政府和企事业单位周边等。

（2）B区：消费能力强、消费动机一般，多为机会型客户群体；在高档社区、高端商务区等。

（3）C区：消费能力强、消费动机强，多为核心客户群体；在人流较大的电影院、购物广场、中央商务区等。

（4）D区：消费能力一般、消费动机弱，多为非客户群体；在老年社区、工厂等。

（5）E区：消费能力一般、消费动机一般，多为普通机会型客户群体；在普通社区、家属院周边、公交站牌附近等。

（6）F区：消费能力一般、消费动机强，多为重点客户群体；在高校区、小吃街、城市步行街等。

（7）G区：消费能力弱、消费动机弱，多为非客户群体；在低收入群体聚居地。

（8）H区：消费能力弱、消费动机一般，多为低价位机会型客户群体；在城中村、外来务工者聚居地等。

（9）I区：消费能力弱、消费动机强，多为低价位重点客户群体；在中小学附近等。

总体来说，针对中高端特色饮品店，首选C区，次选F区，再次B区；针对大众饮品店，首选F区，次选C区，再次I区。

 2.2　店铺装修

一个干净、整洁、装修别具一格的门店往往能够受到顾客的欢迎。想要让门店有更多回头客，就必须在装修风格和餐品上下功夫。装修得好是成功的重要一步，餐品味道好，服务又周到，这样的门店就会一传十十传百，客人就会源源不绝。

2.2.1　店铺起名

店址选好后，就要给自己的店铺取一个有特色的店名。

2.2.1.1　店铺名字的重要性

与人的名字一样，店名也非常重要，店名的好坏会对消费者的心理造成一定的影响。好听好记的名字才容易被消费者记在心里。店名有特色，再加上商品货真价实，服务热情到位，就能激起人们的消费欲望，提高回头率。店名在一定程度上已经把店内的信息传播给了消费者，如果消费者对店名认同了，那他自然愿意在店内消费。

一个别致、通俗、好听、好认、好记、好写的名字才更容易引起消费者的共鸣。在经营中，店名是否通俗，是否好认，直接决定了门店与顾客心理上的距离。如果你的店铺名字用的是常见字且朗朗上口，顾客就容易留下印象；而如果你的店铺名字用字太过冷僻，那么，一来顾客可能不认识，也就不可能把你的店介绍给更多的人，二来就算有的顾客认识，把你的店介绍给他人，而别的人不认识这个字，即使到了店外，也可能因不确定朋友介绍的是不是这家，而不敢贸然进入只能选择其他的店。

2.2.1.2　店铺起名的技巧

一个成功的店铺名称，还要求好听，这样才能够吸引到更多的消费者，才会让店铺的生意更为红火。那么，店铺如何取名更好听？店主可以按图2-5所示的技巧来给店铺起名。

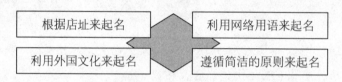

图2-5　店铺起名的技巧

（1）根据店址来起名。对于奶茶店来说，在选址的时候肯定是要选择一个人流量比较大或者是年轻人聚集比较多的地方。比如地铁站口、车站、商业街、娱乐场所、购物场所等，那么我们就可以根据我们店面的地址来选取门店的名字。

比如，十字路口奶茶店、地铁奶茶店、车站奶茶店、广场奶茶店、街头奶茶店、奶茶驿站等，都是非常好听的。

（2）利用外国文化来起名。现在的年轻人比较喜欢有新鲜感、异域风情的事物，那么奶茶店可以利用外国的文化来起名。

比如，巴洛克奶茶店、多米诺奶茶店、潘多拉奶茶店等，这些都是非常好听的名字，而且会给人一种非常时尚的感觉。

（3）利用网络用语来起名。现在的网络用语比较多，而且都是我们聊天当中用到的，比如萝莉、小清新等，我们可以利用这些网络上的热词，来给我们的奶茶店起名。

比如，小清新奶茶铺、萝莉奶茶店等，这样能够更加吸引年轻人，而且非常利于奶茶店的传播，可以获得一个非常好的营销效果。

（4）遵循简洁的原则来起名。店铺取名有一个原则就是要以简洁为佳，所以在给奶茶店起名时，也可以遵循这一原则。在字的结构上、笔画上力求简洁，这里推荐采用数字加文字的方式取名。

比如，三平方米奶茶店、6+1奶茶店、99%奶茶店、八八奶茶店等。

2.2.1.3 店铺起名注意事项

店主在店铺起名时，应注意图2-6所示的几项。

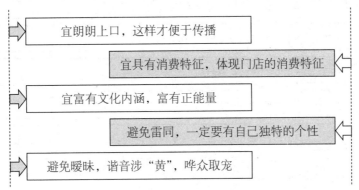

图2-6 店铺起名注意事项

2.2.2 店面徽标（logo）设计

logo是徽标或者商标的英文，有利于对徽标所属公司的识别和推广。通过形象的logo可以让顾客记住公司主体和品牌文化。

2.2.2.1 logo表现形式

logo表现形式的组合方式一般分为特示图案、特示字体、合成文字，具体如表2-1所示。

表2-1 logo表现形式

序号	表现形式	具体说明	备注
1	特示图案	属于表象符号，独特、醒目的图案本身易被区分、记忆，通过隐喻、联想、概括、抽象等绘画表现方法表现被标示体	
2	特示字体	属于表意符号，含义明确、直接，与被标示体的联系密切，易于被理解、认知，对所表达的理念具有说明作用	字体应与整体风格一致
3	合成文字	表象表意的综合，指文字与图案结合的设计，兼具文字与图案的属性	

2.2.2.2 logo 性质

logo 具有图 2-7 所示的性质。

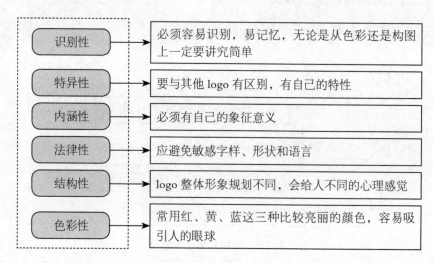

图 2-7　logo 的性质

2.2.2.3 logo 设计制作

一般门店 logo 设计制作，都是寻找专业 logo 设计公司设计制作的。当然，可以将自己对 logo 的要求和想法，与 logo 设计公司的设计人员沟通交流，以便设计出能达到自己预先期望值的 logo。

2.2.3 门店装修流程

良好的门店形象是给顾客留下好的第一印象的重要因素，对于一个装修新手，怎么样去装修好门店呢？其装修流程如图 2-8 所示。

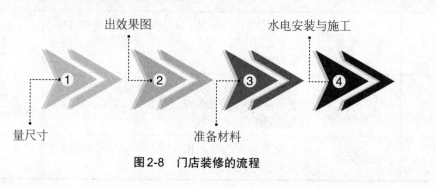

图 2-8　门店装修的流程

2.2.3.1 量尺寸

首先，需要量尺寸，精确的尺寸有利于设计师进行设计。除了要测量长、宽、高，也要测量比较特殊的地方。再严谨一点，就需要拍照，把门头以及门店内部都拍一遍，以便设计师更好地判断该如何设计。

2.2.3.2 出效果图

其次，效果图的改动。在装修之前，先要定位好自己的门店装修风格，要根据当地的消费水平、消费群体等确定。当然，更重要的是实时跟进效果图的设计，确保最后能够是符合当地审美的装修风格。

2.2.3.3 准备材料

接下来是施工图的完成和材料的准备。不同的材料，其装修效果也是不同的。大部分设计师都会知道使用哪种材料对最终的装修效果产生什么影响。在设计图纸之前，首先要跟设计师进行沟通，做好预算。图纸出来后，就可以按照要求去选购材料，联系多个供应地点，对性价比进行比较。

2.2.3.4 水电安装与施工

最后，是水电的安装和施工。一般奶茶店、咖啡店、甜品店的水电安装需要提前策划好，以便在后期能够方便使用，不需要再另外添加，以免给门店造成部分破坏。施工的时候，要经常去跟进一下，对不满意的地方及时调整。如果门店最终的装修效果不理想，是很难再更改的。

2.2.4 门店空间布局

奶茶店、咖啡店、甜品店不仅仅是简单就餐的场所，还兼容了社交、娱乐及精神享受等多种功能。而门店装修规划的空间有限，想要做到"麻雀虽小，五脏俱全"，总体与局部的和谐搭配就显得尤为重要。

2.2.4.1 按功能划分区域

奶茶店、咖啡店、甜品店的店面空间一般相对其他餐饮空间较小，面积多在 10 ~ 20 平方米。店主在进行店面装修设计时，必须合理设计各项功能区的位置。

比如，可划分为西点展示区、奶茶展示区、裱花操作间、现烤区、收银吧台、等候休闲区等。

店主在装修设计时，应重点注意操作区、座位区和出品区，这三个区域既要形成流水线，又要两者间彼此关联，以便同时满足经营者与顾客的需求。

开店指南

虽然门店的空间有限，还是应采用一道隔断将操作区和收银台隔开，这样比较美观。最好将装饰点缀的部门放在门店显眼处，既能够满足顾客的好奇心，也能够突显出专业。

2.2.4.2 空间布置的原则

在空间的布置上可遵循图2-9所示的三个原则。

原则一	展示区必须往外放，而休闲区则要往里放，让经过的顾客能对产品一目了然，从而产生购买的欲望，这也是门店提高营业额的重要法宝
原则二	操作区可安排一个相对独立的空间，让来往的顾客都能看到操作师精心制作产品的过程，这样也能满足许多顾客的好奇心而增加客单率
原则三	现场制作区要时刻保持通风，干净明亮，让顾客能感受到"很快出炉，新鲜卫生"的氛围，干净明亮的环境将会帮你赢得顾客的好感

图2-9　空间布置的原则

 **相关链接**

奶茶店的功能布局

合理的布局能够提升奶茶店的美观，更重要的是操作师工作起来顺手，缩短了制作奶茶的时间，这样既让消费者感觉奶茶店很整洁，又缩短了消费者的等待时间。那么奶茶店如何正确布局呢？

1.排队区布局

奶茶店门口一进来，就是排队区、点单区，这样设计的目的也很明显：高峰时段能形成排队效应。

2.点单区布局

点单区除了点单之外，还有贴了杯纸的杯子，那么贴了杯纸的杯子放在哪

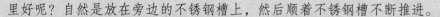

里好呢？自然是放在旁边的不锈钢槽上，然后顺着不锈钢槽不断推进。

3.配料盘区布局

配料盘区主要负责所有奶茶饮品的调制部分，如柑橘、柠檬、奶盖、奥利奥等配料，可以此区域摆放。点单的人员空闲时转一下身，就可帮忙配料。这地方同样有一条不锈钢槽，也是流水操作。

4.出品区布局

顺着不锈钢槽，饮品最后来到出品区。此区负责把杯身抹干净，呼叫取单，核对取单，打包等。

5.厨房区布局

此区域负责煮珍珠（珍珠粉圆）、制作奶盖、泡茶、开抹茶底料（不是单杯制作）、开可可底料（不是单杯制作）等。提前准备的东西均在厨房完成。

6.展示柜区布局

此位置主要摆放甜品（如法式焦糖布蕾等），新鲜水果等，起冷藏保鲜展示作用。

2.2.5 门店内部设计

门店内部装修设计恰当，可以营造良好的餐饮环境，从而吸引更多的客人。

2.2.5.1 风格选择

奶茶店、咖啡店、甜品店主要就是为人们提供各种饮品服务的小型商铺，因此，投资者在选择装修风格时一定要把握一个度，要能适合大多数人的审美习惯，要根据店铺所在的区域以及面向的消费人群来确定合适的装修风格。

比如，奶茶店坐落在步行街，主要消费者就是前来逛街休闲的人，这时奶茶店可以选择轻松、休闲但又能展现不同特色的风格，不能过于华丽奢侈，否则会给人一种"望而生畏"的感觉。而如果奶茶店位于高档的写字楼或者商圈，那么它的风格就可以选择华丽一些的。

2.2.5.2 吧台的设计

一家店面的装修设计中，最重要的部分莫过于吧台设计。吧台的风格往往是进店后留给客人的第一印象，它是工作人员制作饮品的操作间，当然也是服务员和客人交流的场所。

吧台是门店日常经营的重要部位之一，聚集着水路、电路的分布。一个好的吧台表现在两个方面：一是合理的高度和尺寸；二是便捷的操作和服务。

常见的吧台形式有以下两种。

（1）开放式。指顾客进入店铺后，只要对方愿意一直站在吧台外观察，就能清楚看到制作产品和使用设备的所有过程。这种店铺装修相对便宜省事，同时对卫生和细节要求很高。如果能做到细节到位，保持卫生，会让顾客对你的产品非常放心和依赖。但是透明的环境，会让别有用心的同行很容易就了解到你产品的配方和制作流程。这种吧台一般用于外带式门店。

（2）半开放式。指顾客进入店铺后，只能看到你制作饮品的过程，却并不了解更多细节。这种装修方式，既让顾客看到想让他们了解的，又能保证自己的产品具有一定的神秘感。

2.2.5.3　家具饰品的选择

要注重店内家具饰品的选择和陈设与店内装饰用材相协调。要从质感和颜色等方面精心把握，容不得一处不和谐的元素出现，只有这样装修出来的门店才会使人赏心悦目。

比如：店内的桌椅可采用卡式的桌椅，这样既富有时代感，又能最大限度地利用空间；厨房就尽量采用不锈钢的厨具设施，摆放得井然有序，会给顾客一种清洁卫生的感觉。

总的来说，门店的配套设施主要是讲究有序统一、卫生干净。

2.2.5.4　挂画的选择

很多人都喜欢通过挂画来布置空间，以求美感，但是在挂画时需注意：绘有凶猛野兽的图画不宜张挂，以免给人带来恐怖感；颜色过深或者黑色过多的图画少挂，因为此类图画看上去过于沉重，易使人意志消沉，缺乏热情。其实，只要画面色调朴实，能给人沉稳、踏实的感觉，让消费者可以感受到宁静的气氛，就足够了。

2.2.5.5　颜色搭配

门店要营造出来的就是一种温馨、时尚、现代的感觉，那么店主如果使用比较厚重的色调，就会使得门店的气氛过于庄重。所以应尽量以明快的色调为主，可以采用年轻人喜欢的粉色、白色、蓝色等，营造出一种小清新的效果。

如果是大型奶茶店（可以进门坐着的那种）也可以采用一些休闲温馨的颜色，

如米色、明灰，再摆点杂志书籍，就很有情调了。

2.2.6 门店灯光设计

灯光是各种室内设计中的灵魂，在奶茶店装修中也不例外。总体的空间照明应以人员能够正常活动为最低照度标准，局部照明注重细节，这样可为客人营造一个温馨、私密的休闲空间。

2.2.6.1 光线强度的选择

门店的灯光最好以黄色、暖黄色的光源为主，具备一定亮度，这样才能够营造出一个门店的风格出来，吸引顾客。从而增强顾客的食欲与购买欲。如果灯光昏暗，不但操作不便，还会给人带来压抑感，影响顾客心情，降低消费欲望。如图2-10所示。

图2-10 奶茶店光线效果图

2.2.6.2 光线种类的选择

门店里可使用的光线种类很多，如荧光、白炽光、色光等。

（1）荧光（即日光灯）亮度高、经济实惠，不过过于生硬、刺眼，同时也缺乏美感，因此并不推荐。

（2）白炽光自然、明亮，有助于表现出产品的本色，但是寿命短、费电，需要经常更换。

（3）色光一般用于特殊区域，如：用绿光和蓝光照射水族箱，显得清澈洁净；用红光照射吧台或家具，显得柔和；通常用暖色灯光照射展示柜中的食物能增加美观可口的感觉。不过成本较高，需要综合考虑。

2.2.6.3　照射方式的选择

门店内的光线可以大致分为整体光线和区域光线。整体光线是指照射大厅内所有区域的光线，区域光线是指对个别区域照射的光线，如吧台、操作间、餐台等。总的来说，门店整体光线需要配合店内的装修、格调；而区域光线则用来衬托产品，可以考虑使用色光，色光也是区域光线最常用光源。

其实，光线的使用并不是单一的、不变的，在设计时可以综合考虑，组合运用。比如可以把整体光线分成几组区域光线，这样既便于控制，减少费用，又可以通过关闭或调节一部分光源来使整体光线拥有更多的变化，使其错落有致。

 **相关链接**

甜品店装修怎么设计好

1.设计风格

不同主题的甜品店装修有不同的风格，定位没有一定的标准，我们可以根据自己的创意和产品特点以及消费人群的喜好来设计；也可以从风情特色入手，采用温馨的色调体现浪漫情调等，以优雅的环境体现休闲等。

2.功能布局

甜品店内使用功能的布局是展示装修风格的一个重要因素。如店铺外观、店面门头、橱窗、吧台、厨房、菜单等的设计和布局，在装修设计时不仅要注意整体效果和部分区域之间的和谐统一，还要体现出独特的品质、格调，让顾客一进店就能感受到强烈的美感和气氛。

3.空间分隔

考虑到甜品店面积小，空间结构设计时，我们可利用灯光对甜品店空间进行分割，这种隔而不断的甜品店分隔形式，既保持了整体空间美感，又能扩大视觉空间，开阔视野。

4.橱窗设计

一个风格独特、构思新颖、装饰美观、色调和谐的甜品店橱窗，不仅能与整个甜品店建筑结构和内外环境构成立体画面，还能起到美化甜品店和市容的作用。所以在设计时，橱窗中心线最好能与顾客的视平线高度相等，使整个橱窗陈列的产品都在顾客的视野中，并与甜品店整体大小相适应。考虑到防尘、防热、防雨、防晒、防风等，可以采取搭建雨棚等相关的措施。

5.装修选材

甜品店装修所选用的材料应富有现代感，质地耐用、美观、安全，力求营造出明快、舒畅的感觉。

6.装饰设计

甜品店内富有创意、时尚独特、装饰性强的空间装饰设计往往是顾客的视觉重点。所以甜品店的装饰品选择也应该紧紧围绕甜品店的装修风格，充分考虑使用、耐用和便利的原则来设计。

7.客流动线设计

定位高端的甜品店在进行店铺装修设计时，应依照店内各个功能区的划分设计出"黄金流水线"，即各个区域之间彼此相互联系，又能满足甜品店经营者与顾客的需求的双重动线。

2.3 购置设备

巧妇难为无米之炊。设备对于门店的重要性是绝对的，购置一些好的设备才能让一个门店得以正常运转。

2.3.1　奶茶店常用设备

现在的奶茶店，有的是只卖奶茶，也有的是奶茶+咖啡、奶茶+甜品、奶茶+小吃等的组合。因此，门店应根据自己的实际情况来确定要购买哪些设备。

表2-2所示为某奶茶店常用设备的清单，以供参考。

表2-2　某奶茶店常用设备的清单

设备类型	设备名称	设备用途
基础型设备	平冷操作台	平冷操作台是非常实用的一款设备，一般是不锈钢机身，表面是一个平面操作台，内部是带冷藏或冷冻功能的储藏室，上方可以安装置物架，置物架上可以放置保温桶、密封盒、小型设备及一些常用物料，表面可以挖槽放份数盘（一般放置 8 ~ 12 个），份数盘直接连接下面的冷藏室，里面可以放置一些需要冷藏又常用的原料（如红豆、布丁、椰果及煮好的珍珠等），台面可以作为正常操作台使用。 平冷操作台是难以取代的一款设备，常见的一般有 1.2 米、1.5 米及 1.8 米三种规格，其他规格也可以定做
	蓝光冷藏工作台	为食物提供保鲜，保持食物的营养和口感，用于储存水果、奶类或其他需要冷藏的原料等
	水槽	饮品店的水槽和家用水槽不同，基于各种需求，一般是不锈钢制作，槽面比家用的大，通常接两个水龙头，一个普通水龙头用于清洗器具和洗手，另一个接净水器出弱碱性纯净水制作产品，通常槽面还有一个可移动的盘面，用于暂时存放器具及沥水用
	净水器	主要是过滤和净化自来水，很多夏季的冷饮都需要用到凉水，净水器国产和进口的价位区分较大，创业者按自己的预算来购买
	保温桶	用于存放奶茶等，可以起到过滤和保温的作用。保温时间约为 6 小时，保冷时间可达 12 小时以上。一般饮品店需要备 2 ~ 4 个，常见的有 10 升和 12 升
	封口机	现在很多奶茶都是打包带走的，因此封口机必不可少。有全自动和手动之分，还有一种半自动，很少用
	量具	量具指的是量杯、量筒，不管你开的什么类型的饮品店，这些东西都是必备的。量杯和量筒容量从 50 毫升到 10 升不等，较为常用的是 500 毫升、1 升、5 升三种
	吧勺	常见的吧勺是不锈钢材质的，一头是勺子一头是叉子，勺杆呈螺旋状，一般用于搅拌，还可用于引流，建议至少配 2 支
	滤网	用于过滤茶汤，常见的有普通滤网和滤袋两种，CTC 茶（Crush Tear Curl，切碎—撕裂—卷曲红茶）至少需要 120 目以上，建议采用 200 ~ 300 目的
	包装	包装包括杯子、杯盖 / 封口膜、吸管、打包袋等物品
	糖压瓶	一般装果糖或其他浆体、液体使用

续表

设备类型	设备名称	设备用途
基础型设备	步进式开水器	奶茶店的热水用量大，步进式开水器是必备的。步进式开水器采用步进式逐层加热技术，加热与注水同步自动进行，不间断供应热水，同时避免半生水、阴阳水、千滚水等问题
	电磁炉	电磁炉的作用一般是煮珍珠、布丁、仙草、芋圆这一类辅料或甜品
	煮锅	作用同电磁炉
	微波炉	对于有配套小吃的奶茶店，小吃多半是冷藏现炸类型，比如炸鸡块、薯条、烤翅等，这就需要有油炸锅现炸或者微波炉现烤
	电子秤	用来准确称量固体物料，奶茶的很多产品都是要按一定的比例来调制，因而需要用到电子秤，例如称量茶叶、水果颗粒、珍珠等一些原料
季节型设备	制冰机	制冰机从容量上分家用、商用、工业用三类，家用一般在15千克以内，商用常见的是25～200千克，饮品店用的就是商用机。容量表示制冰机24小时的制冰量。通常25～50千克是不够饮品店使用的，一般饮品店标配的是80～130千克，需求量大的甚至需要200千克容量的制冰机。同时，不同的制冰机出的冰的形状是不一样的
	沙冰机	用于制作沙冰，一般刀头有四个刀片，和榨汁机、豆浆机及营养调理机有区别
	摇酒壶	大家常见的摇酒设备，一般常用的有350毫升、500毫升、750毫升三种大小，材质上有不锈钢和树脂两种，不锈钢的多用于酒吧，饮品店通常采用树脂的，因为很多原料（尤其是果糖）在水温低的时候溶解度也跟着降低，所以摇酒壶可以说是制作冷饮必备，但不适用于制作热饮
产品型设备	咖啡机	有手动、自动、半自动三种。一般饮品店用的多是半自动的，且只有出售咖啡的门店才需要配置
	打蛋机	一般用于制作淡奶油和奶泡，如果有这方面产品的需要，还需要配备裱画带和拉花棒
	冰淇淋机	用于制作冰淇淋，有台式和立式之分，可以调节膨化率（即冰淇淋的软硬度）
	刨冰机	用来制作沙冰，把冰刨碎与水果结合，能制作出各种口味的刨冰或其他产品

续表

设备类型	设备名称	设备用途
产品型设备	萃茶机	多功能萃茶机，可用于制作萃茶、奶泡、沙冰、奶盖、鲜果汁等。它有多种刀片和挡位，每一种刀片和挡位都有相对应的产品
	气泡机	可制作果汁汽水、苏打水饮品、鸡尾酒等
	奶昔机	主要作用是把鲜奶、冰淇淋、冰块放进奶昔机里搅拌均匀，制作成奶昔
	珍珠锅	用于煮珍珠、茶叶、凉粉、红豆、黑糖、西米、芋圆、布丁等，主要用来煮珍珠，可较快煮熟珍珠，增加珍珠的口感
	冰粥机	用于做冰粥
	奶泡壶	用于储存奶泡
	冰柜	有芋圆、鲜榨冷冻果汁等原料需要冷冻处理的店面才需要
	榨汁机	用于鲜果榨汁
	摇摇机	用于调制加了奶昔粉的饮料和果汁冰饮，可将奶茶产品的配料快速摇匀
高端型设备	果糖定量机	用于定量取果糖，可定量取多种不同的糖量，使用简单方便，有助于提高工作的效率。小的奶茶店也可用糖压瓶代替
	全自动封口机	上面有提过，比手动封口机在效率、外观、质量、便利性上都有很大的提升，但是价位较高。目前，大多数奶茶加盟店都用全自动封口机
	收银机	一般饮品店用的收银机是双面触屏的，裸机三千多元，加上软件、钱箱、小票机、热敏不干胶机、条码机及安装费用，整套五六千元

2.3.2 咖啡店常用设备

开一家咖啡店，需要配置的设备主要有以下几类。

2.3.2.1 咖啡制作工具

要想开一家咖啡店首先要考虑的就是咖啡制作需要的机器，一般制作咖啡的机器有美式咖啡机、意式咖啡机、单品咖啡磨、专用咖啡磨、咖啡渣桶、商用外卖咖啡磨。如果出售的产品比较单一，可以购买意式咖啡机，意式咖啡机比较通用，是必备物品。

开店指南

在选择意式咖啡机的时候，要注意选择商用的，家用咖啡机的压力一般都不大，不太适合开店用。

2.3.2.2 其他美食制品

经营咖啡店，最好同时提供其他的美食，比如三明治、面包、热狗等。所以咖啡店需要的美食制作机器一般包括果汁机、搅拌机、奶昔机、制冰机、微波炉、热狗机、面包机、储冰盒、三明治机等。其中搅拌机是必备的，可以搅拌奶昔、果汁之类的，这些都是需求量很大的产品，很多人都喜欢。

2.3.2.3 水处理类产品

咖啡店里的水质是很重要的，不仅影响健康也会影响饮品口感。所以一定要购买好的水处理类产品。一般水处理类产品包括滤水设备、专用软水设备、开水器、饮水机、消毒池等。

另外，洗碗机也是必不可少的，使用洗碗机可以节省大量人力，而且很多洗碗机自带储藏以及消毒功能，使用很方便。

2.3.2.4 储藏用的产品

咖啡店储藏用的产品也很重要，因为有很多糕点、牛奶、果汁等都需要保存，使用冷冻、冷藏设备可以保持这些美食的口感。咖啡店储藏用产品包括糕点柜、冰藏柜、冷冻柜、展示柜、洗碗机。如果能配置一台制冰机就更好，制冰机可以用来制作一些冷饮，在夏天冷饮是很畅销的，而且可以保存更长的时间。

2.3.2.5 咖啡器具产品

咖啡器具主要包括咖啡温度计、电子秤、摇酒杯、奶油枪、气弹、咖啡杯、酒杯、托盘，这些都是正规咖啡店的标配产品。其中的度量类器具，可以保证饮品原材料按固定比例调配，使其口感不会受到影响。

2.3.2.6 管理系统

管理系统主要包括监视系统、收银系统，这些能够保证咖啡店有一个文明、舒适、安全的环境。

2.3.2.7　咖啡耗用物品

咖啡耗用物品包括搅拌棒、吸管、纸巾、咖啡外带杯以及外带手提袋，在这些物品上可以印上属于咖啡店独有的标志，不仅有很好的装饰作用，同时也可以宣传。

2.3.2.8　其他杂项支出

咖啡店还需要配备杯架、电话、视听设备、水牌、配电箱、吧台、工作间、外桌椅、垃圾桶、保险柜、灯箱、更衣柜等。

 **相关链接**

××连锁咖啡店设备配置清单

明细	型号	供应商	数量	单价/元	总金额/元
咖啡机	Coffee Art Plus	瑞士雪莱	2 台	120 000	260 000
滴滤机		BUNN 邦恩	1 台	15 000	15 000
开水机	GM-B1-20-3JS	吉之美	1 台	4 100	4 100
搅拌机		Vitamix	2 台	5 000	10 000
冰箱		WELLKOOL	1 台	4 500	4 500
立式双温柜		WELLKOOL	1 台	8 500	8 500
水系统			1 套	10 000	10 000
加工类器具			1 套	5 000	5 000
咖啡器具类			1 套	5 000	5 000
收银机	GS-143T	君时达	2 台	3 549	7 098
监控设备			1 套	4 000	4 000
音响设备			1 套	3 000	3 000
合计					316 198

2.3.3　甜品店常用设备

一般来说，甜品店分多种类型，如港式甜品店、广东糖水店、台式冷饮奶茶店、西式甜品店等。这里以港式甜品店的综合性甜品店为例，简单介绍一下所需的设备。

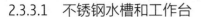

2.3.3.1 不锈钢水槽和工作台

不锈钢水槽和工作台是制作甜品时的操作台。这两样设备可根据门店尺寸定制。

2.3.3.2 冷柜

冷柜是甜品店必备的设备。一般来说,大型甜品店可以选择立式的专业冷柜,或者卧式的冷柜兼工作台。小型的甜品店则选择一般的卧式冷柜和冰箱即可。

2.3.3.3 消毒柜

消毒柜用于餐具消毒。

2.3.3.4 封口机

封口机用于制作台式冷饮奶茶和其他饮料,尤其是用在外卖时。还需配合封口机胶纸和杯子使用。

2.3.3.5 榨汁机

榨汁机用于榨新鲜的果汁。

2.3.3.6 压力锅

压力锅用于煮豆类、焖豆类原料。

2.3.3.7 电磁炉

电磁炉用于煮食材。

2.3.3.8 焖烧锅

焖烧锅用于制作酸奶/西米。

2.3.3.9 保温桶

保温桶用于装冷热基础饮料,做打包式冷饮奶茶。

2.3.3.10 多功能电饭煲

多功能电饭煲用于煮豆类、糖水,焖豆类。

2.3.3.11 微波炉

微波炉用于加热冷藏品。

2.3.3.12　三明治面包机

三明治面包机用于制作夹心三明治。

2.3.3.13　碎冰机

碎冰机将冰块打碎，用于制作冰粥。

2.3.3.14　沙冰机

沙冰机与碎冰机可结合起来用，先用碎冰机把冰碎成小块，再用沙冰机将其碎成沙状。这样不仅可以延长沙冰机的寿命，还能使沙冰更细腻。当然沙冰机除了做沙冰，还能做其他饮料，比如玉米汁、核桃汁、花生露。

2.3.3.15　炒冰机

炒冰机用于制作雪糕和炒冰，夏天受欢迎。

2.3.3.16　烘炉

烘炉用于制作西饼、蛋糕、蛋挞等西式甜品。

2.3.3.17　其他工具

其他工具包括：烹煮器具、不锈钢锅、盆、勺（塑料的亦可）、滤网、匙勾（做水果拼盘用）、萝卜刨、扒锤（锤鸡翅）、雪糕壳（做雪糕用）、电子秤、托盘、保鲜盒、汤匙、榨橙汁杯、量杯、顾客用碗筷、纸巾、打包用碗筷等。

2.4　配备员工

2.4.1　选择员工的标准

2.4.1.1　服务员的选择

工作于门店第一线的前台服务员，是直接为顾客提供服务的人，服务员素质的高低很大程度上决定了门店的档次。前台服务员在一定程度上体现着门店整体素质，起着重要的"门面"作用；后台服务员的工作是门店不可缺少的"无名英雄"。选择服务员应从以下两个方面考虑：

（1）性别方面。一般倾向于招女服务员，因为女性更细致、周到、耐心和冷静，在餐饮业服务技能上有许多胜过男性的地方。

（2）自然素质方面。应当挑选仪表端庄、头脑灵活、记忆准确、语言得体、态度诚恳、潇洒大方者，曾有一定相关经验者优先。

2.4.1.2　采购人员的选择

门店每天都要从市场购入各种原材料，数量大、品种多，质量是否有保证，进货价格是否合理，这对门店成本的高低和能否盈利起着决定性的作用。合格的采购员必须为人诚实、作风正派、懂得业务，对食品原材料的质量鉴别、产地、行情等较了解，责任心强。如一时难以找到全面合格的人，应坚持最根本的一条，即必须为人诚实，其他条件在录用后通过实践逐步历练。

开店指南

在开始时期，投资者可用一定时间亲自带领采购员前往市场进行采购，一是全面了解市场的行情及供需情况，与销售单位建立长期供需关系，二是可对采购员进行现场观察和具体指导。

2.4.1.3　操作师的选择

操作师是门店的"台柱"，但是一般的门店没有必要聘请大牌名厨。对于门店来说，加盟模式下产品配方一般都是通过总部统一配送的，只需聘请经过专业培训、具有相关资格证书的人员即可。这些操作师一般都热情、敬业、积极向上、乐于创新和表现自己的才能，能够听取意见，比较平易近人，能根据顾客的需求设计菜单，能同投资者一起考虑整个门店的利益。

2.4.2　员工的招聘

2.4.2.1　招聘途径

经营者可在报纸上、电视上、杂志上、网络上发布招聘广告；可由行业协会及职业介绍所介绍；可从各级各类烹饪学校、职业学校发现和选用人才；也可接受其他门店有经验的自荐者等。

2.4.2.2　招聘人员的录用方法

经营者可以采用面谈并填表的方式，在初步印象的基础上进行筛选；再进行第二次面谈，目的是考查其具体能力，是否有能力负责某一方面的工作；之后再面谈一次，核实情况，并考查其应急能力、合作协调能力、发展前景等，必要时要现场操作，演示其能力；对于合适的应聘者，试用1～3个月再确定是否正式录用。

2.4.3 员工的培训

员工培训是门店经营和发展的关键性工作之一，对于提高员工素质、规范门店加盟管理、树立企业形象、增加经济效益都有着重要的作用。

2.4.3.1 礼貌修养培训

礼貌修养是指个人在交往中，在礼貌、礼仪、礼节方面自觉地按照社会公共生活的准则要求，不断地进行自我锻炼、自我养成、自我提高的行为活动，并经过努力形成一种在待人接物时所持有的风度。门店服务人员一定要具有良好的礼貌修养。门店服务员的礼貌修养主要有以下几条。

（1）热情适度。热情指对人要有热烈的感情，使人感到温暖。适度是指对人热情的表现要有一定的分寸，恰到好处。热情适度的人往往使人觉得容易接触，也愿意交往。具体来说，热情适度的表现如图2-11所示。

表现一	在服务工作中，出于礼貌与创造一种和谐的进餐气氛的需要，服务人员可以和客人进行简单的交谈。但这些交谈，一不能影响工作，二不能涉及隐私，要内外有别、公私有别
表现二	对远道而来的客人，以借此机会向他们介绍本店的风味特色，或介绍当地的特色产品、风土人情、名胜古迹等
表现三	对于客人提出的要求、托办的事项，只要礼貌地说一声"好的"或"明白了"即可，不要态度生硬，也不要过于殷勤，以免使客人感到厌烦

图2-11 热情适度的表现

（2）尊重客人。服务人员一定要在内心树立对客人的尊重意识。服务人员应尊重客人的习惯，否则就可能招致不满，甚至发生矛盾。

（3）理解宽容。在人际交往中，理解和宽容是十分重要的，这也是礼貌修养的基本功之一。所谓理解就是懂得别人的思想感情，宽容则是理解的前提。门店服务人员的理解和宽容精神更是不可或缺的。很多时候，客人因为某些原因，可能会说出一些过激的言论，服务人员应尽量保持宽容，否则对事情的圆满解决毫无益处。

当然，宽容并不意味着就是放弃原则的姑息纵容，而是要注意方式方法。

（4）一律平等。这个"平等"包括两方面，一方面是服务人员与客人的平等，一方面是客人之间的平等。服务人员在服务时应不卑不亢。对于来门店点餐的客人，身份、年龄、健康状况虽然不尽相同，但都应当一视同仁地对待他们，均应给予热情的接待。对某些客人必须给予适当的特殊照顾，比如行动不便的客人，进门时应该有人搀扶。这样做才能切实体现服务人员的礼貌修养。

2.4.3.2　服务语言培训

奶茶店、咖啡店、甜品店属于典型的服务性行业，服务人员使用服务敬语对于门店形象的树立和业绩的提升有很大作用。使用服务敬语的关键是要讲究礼貌，切合场合、情景，语气诚恳、准确。

（1）服务语言的"六要"。服务语言的"六要"如表2-3所示。

表2-3　服务语言的"六要"

序号	服务要求	具体说明
1	明了性	要讲得清，让人听得明，不用听者重复反问。言语含糊，语音不清晰，客人就听不懂，这就违反了语言的"明了性"
2	主动性	主动先开口，主动询问客人，寻觅服务对象。如果客人呼唤时服务人员反问一句"干什么"，这是不妥的。因为让客人呼唤已被动了，再反问"干什么"表现了不耐烦情绪，违反了"主动性"
3	尊敬性	对客人多用尊称，少用贬称，禁用鄙称，多使用敬语。如对客人要说"您"，不说"你"
4	局限性	服务语言的内容局限于服务工作范围，不可随意出界。如与客人谈得投机，稍有出界，应及时回归服务相关话题。与客人交谈中，问客人年龄、婚姻或薪资情况等，就违反了服务语言的"局限性"，超出了服务工作的范围
5	愉悦性	用词、造句和说话的语气都要讲究，多用美词雅句，造成一种高雅的文化气氛，客人进入门店受到感染，愉悦心情自然就会产生
6	兑现性	服务语言必须讲得出就做得到，不能为了一时讨好客人而随意许愿承诺，开空头支票必将弄巧成拙

（2）服务语言的"四忌"。服务语言的"四忌"如表2-4所示。

表2-4　服务语言的"四忌"

序号	服务禁忌	具体说明
1	旁听	这是门店服务人员的大忌，客人在交谈中，不旁听、不窥视、不插嘴是服务人员应具备的职业道德。服务人员如与客人有急事相商，也不能贸然打断客人的谈话，先采取暂待一旁，以目示意的方法，等客人意识到后，再上前说"对不起，打扰你们谈话了"，然后再把要说的话说出来
2	盯视	在接待一些服饰较奇特的客人时，服务人员忌盯视、品头论足，因为这些举动容易使客人产生不快
3	窃笑	客人在聚会与谈话中，服务人员除了提供应有的服务外，应注意不随意窃笑、不交头接耳、不品评客人，以免引起不应有的摩擦
4	厌烦	如果个别客人用"喂""哎"等不文明语言招呼服务员，服务员不能因客人不礼貌就对其表现出冷淡或不耐烦，相反，服务人员更应通过主动、热情的服务使客人意识到自己的失礼。如果正忙着，可以说："请您稍等片刻，我马上来。"

 **相关链接**

常用的服务敬语

1.表示欢迎

欢迎光临！

欢迎您的光临！

欢迎光临××店，希望您能满意我们的服务！

2.表示问候

您好！

早上好！

中午好！

晚上好！

3.服务用语

欢迎您，请问一共几位？

请这边坐。

请稍等，我马上过来。

请稍等，我马上给您送过去。

我们门店的特色是……，希望您能喜欢。

4.表示祝愿

节日快乐！

生日快乐！

请多保重！

5.征询意见

我能帮您做什么？

请问，我能帮您做些什么呢？

您还有别的事情吗？

这样不会打扰您吧？

您喜欢××奶茶吗？

您需要……吗？

对不起，我没听清您的话，您再说一遍好吗？

请您讲慢点，好吗？

6.应答、客套

不必客气。

没关系。

愿意为您服务。

这是我应该做的。

请您多多指教。

照顾不周，请多包涵。

我明白了。

好的。

是的。

非常感谢。

谢谢您的好意。

7.表示歉意

请原谅。

实在对不起。

打扰您了。

都是我的过错，对不起。

我们立即采取措施，使您满意。

实在对不起，请您再等几分钟。

对不起，让您久等了。

8.告别

谢谢您的光临，请您慢走！

欢迎您再次光临！

多谢惠顾，欢迎再来！

2.4.3.3 仪容仪表的培训

（1）仪容。仪容是指人的外观、外貌。在人际交往中，每个人的仪容都会引起交往对象的特别关注，并将影响到对方对自己的整体评价。对于门店的员工来说，仪容要求如图2-12所示。

要求一	服务人员应保持微笑、和蔼可亲的面容，清新整洁的外貌，男员工不留胡须，勤剪鼻毛，女员工要化淡妆，不宜浓妆艳抹
要求二	男员工头发不过衣领，鬓角不遮耳朵且干净整齐，无头垢、头屑；女员工长发要盘起，短发用发卡卡在耳后，刘海不过眉，不留怪异发型，不染彩发
要求三	不留长指甲，指甲缝内无污垢，不涂有色指甲油
要求四	不戴任何首饰、饰件，不用式样繁杂、色彩刺目的发夹或束发带。不允许涂抹气味浓郁的香水

图2-12　仪容要求

（2）仪表。仪表是一个人的外表或外在形象。仪表是一个人审美情趣、精神状态、文明程度、文化修养的综合体现。对于门店员工仪表要求如图2-13所示。

要求一	服务员上班时须穿着统一规定的制服，工作制服不得随意更改，要保持干净整齐、纽扣齐全，口袋内不装过多的工具，不装与工作无关的东西
要求二	上班时须佩戴工号牌，且端正完好
要求三	男、女员工须穿黑色防滑皮鞋或布鞋，鞋须干净无污泥。男员工穿深色袜子，女员工穿肉色长筒丝袜，袜子上端不低于裙子下摆

图 2-13　仪表要求

2.4.3.4　专业知识培训

每个行业都有许多专业的知识，奶茶店、咖啡店、甜品店也一样，门店服务员要做好本职工作，必须具备一定的专业知识。经营者在开店前必须针对门店相关的专业知识对服务员进行培训。一般而言，门店服务员需要掌握的专业知识有以下几个方面。

（1）产品知识。门店服务员的工作就是为客人提供周到满意的服务，而丰富的产品知识则是门店服务员完成工作的根本保障。服务员不仅要向客人介绍各种产品，推荐各种产品，而且还担负着检查、鉴别产品质量，协助操作师做好产品的责任。为此，门店服务员不仅要对各种原材料的产地和特点有所知晓，还要熟悉各种产品的信息。

（2）食品营养和卫生知识。了解食品的营养搭配与组合，懂得各种主要营养元素在人体中发挥的作用，这也是门店服务员必修的功课。人体中所需要的种种营养主要是通过饮食来得到补充，各种营养元素都有其特殊的功能。随着人们生活水平的日益提高，人们对营养元素以及食品卫生的要求也越来越高。门店服务员要掌握食品营养和卫生相关知识，不断提高自身的素质，从而更好地为顾客服务。

（3）习俗知识。世界各国和地区的各种风俗习惯、民俗礼仪、饮食习惯和生活禁忌等，这些也是门店服务员必须了解的，这完全是为了能够提供更优质的服务。门店服务员每天接待的客人来自四面八方，对不同的客人要用不同的接待方式，接待时尤其要注意掌握并尊重他们的习惯。

2.5　开业宣传

开业宣传是经营一家店铺的重要工作之一，能否迅速打开市场就看开业宣传做得怎么样了。

2.5.1　开业宣传的目的

在门店开业前，广告宣传的目的是尽快地把门店的经营特色、品种、价位等信息传递出去，以引起消费者，特别是门店所确定的目标客户的注意，缩短开业后吸引客户的时间，以早日进入正常营业的阶段。

2.5.2　开业宣传的对象

广告宣传的对象，一定要定位准确，不要过于宽泛，因为不同层次或群体的消费者所感兴趣的事物截然不同。如果你想吸引所有的人，必然会想方设法地把所有消费者可能感兴趣的事物一个不落地表述出来，可最终的结果却是谁也弄不明白宣传的重点是什么。似乎什么样的客人都能接待，可什么样的客人都会觉得你不是专为他服务的，反而不能引起他的兴趣。

2.5.3　开业宣传的内容

在宣传的内容上，除了要紧紧围绕经营特色、品种、价位等外，还要明示开业时间、开业时的促销活动，如开业优惠、赠送礼品、发放优惠卡或贵宾卡等，以引起目标客户的兴趣。

2.5.4　开业宣传的方式

开业前的宣传要到位。门面再醒目，招牌再闪亮，毕竟也只有店面周围小部分人知道，门店必须走出去主动宣传，扩大影响。具体做法如图2-14所示。

开业前一个月就可在周边社区用彩页宣传单进行宣传，内容除了预告新店即将开业外，还可以形象地把各种产品表现出来，并强调打折力度或优惠措施，以吸引大家的关注　**方式一**

方式二　可以在当地社区论坛、大众点评网等生活美食类网络空间宣传本店特色，在互联网时代，网络信息的传播有利于目标群体发现并关注门店

图2-14　开业宣传方式

2.5.5 开业氛围需营造

为了聚集人气，建议门店选择双休日或节假日作为开张日。开张当天，店面外墙可张贴大型彩喷宣传画，上空悬挂彩球，门侧摆设花篮，室内播放背景轻音乐，以营造热闹的气氛及轻松的环境。

比如，广东糖水店开业可以在饰物、挂画上突出广东特色建筑或山水，宣传推广要有整体性、情感性、时尚性和品牌个性。

 **相关链接**

奶茶店开业如何做好促销造势

一家新开业的奶茶店，做好了开业的促销造势，可以令新店积攒大量人气，一炮而红。下面，从以下几个方面来谈谈，如何为饮品店的开业做促销造势。

1. 借装修期为开业造势

利用顾客的期待与好奇感，为开业造势。在装修期间，店主可在门店外做一个显眼的大喷绘或一个临时性的广告，内容是即将开业的奶茶店的形象宣传，也可以是开店促销的一点信息，一般花费不会很多。还可以拉一个条幅，上写"距××奶茶店开业还有××天"（一种省钱的方法），造成顾客的期待与好奇感，为开业造势。很多店在装修期间的促销是一片空白，十来天的装修期，店门口人来人往，白白浪费了宣传的机会。

2. 借周末为开业造势

可利用顾客的从众心理为开业造势。周六与周日是开业的最佳时间，一周当中这两天是人们消费需求最强烈的两天，也是人流量最多的时候。顾客有从众心理，喜欢热闹人多的地方，因此可借周末为开业造势。开业时间的选择很重要，要尽可能网罗更多的顾客，以造成轰动的效果。

3. 借宣传单为开业造势

开业时可通过优惠促销引客进店，活动宣传单的内容可以包含：开业酬宾措施、进店有礼、消费代金券、店址、联系电话等。店主可请两名派单员身着工装、披幅，披幅上印制店名，在附近人流量大的街道发放宣传单。常用话术：新店开业有好礼相送，请来店里品尝。

4.借气氛为开业造势

为提高进店率，可播放动感音乐，店门口两边摆放开业花篮，用彩色气球装饰门框，店内张挂POP（购买点广告），张贴海报、产品图片，门前或店内安排试饮试吃用的桌子和用具，制造开业气氛，让顾客知道这是新店开业。

5.借促销为开业造势

由于常规默认的习惯，如果开业没有一些促销之类的活动，顾客会不适应，其实并不是要求赠品有多大价值，也并不是要求一定要大减价，店铺可以做些试饮试吃、购物送会员卡、会员卡积分换礼等活动。

2.5.6 开展开业促销活动

对于新开的门店来说，该做的推广、宣传和相关活动都不能少，通过促销活动的开展可让门店被消费者认识，增加客流量。那么，门店在开业初期，可开展哪些促销活动呢？具体如图2-15所示。

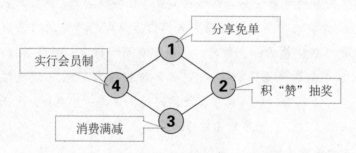

图2-15 开业促销活动

2.5.6.1 分享免单

门店在开业时主要是为了积累人气，增加客流。为此，门店可推出分享免单活动。凡是到店消费的顾客如果能将自己和产品的照片分享到各社交平台，就可以获得免单的机会。如果邀请朋友一起来店消费，门店还可以给出更大的优惠力度。

2.5.6.2 积"赞"抽奖

门店在开业时，可让顾客在朋友圈发布相关信息，积攒一定的点赞数额可参与门店的抽奖活动。

比如，转发此条微信至微信朋友圈，积攒68个"赞"，凭本人手机号进店可参加红包抽奖一次。

2.5.6.3　消费满减

新店开业要让消费者尝到甜头，这样在顾客心中留下好印象，从而形成口碑，比如买一赠一、第二杯半价、产品打折等都是可以开展的促销活动。具体如图2-16所示。

2.5.6.4　实行会员制

刚开业的门店可以发展会员，顾客成为门店会员可以享受不同程度的优惠，从而吸引顾客经常性消费。具体如图2-17所示。

图2-16　开业促销海报截图1

图2-17　开业促销海报截图2

 相关链接

×× 甜品店开业引流方案

1. 确定思路及预算

任何一家门店，在开业宣传引流时，必须要明确门店引流的主题是什么，预算有多少，要估算出甜品店开业需要多少客流来支撑。

这家××甜品店做开业引流前，经过估算，准备在前期先投入1500元宣传费用。

2.确定原点人群

定目标客户的时候，一定要精准，其实人群范围越小越好，这是原点人群。店铺适用范围可以很大，原点人群却是要越精准越好。

这家××甜品店店铺客单价大约是50元，目标客户群体定位为附近写字楼的白领。

3.设置一个"诱惑的礼品"

对于白领来说，甜品店里的鲜榨饮品是一个很不错的礼品。比如，市面上一杯鲜榨饮料是28元，但成本只需要8元。1500元的宣传预算，约可以送187份。这个赠送数量对于原点人群的数量是足够的，这样既不超预算，同时又保证了赠送礼品的价值。要知道，太廉价的礼品，是不能勾起顾客兴趣的。

接着，××甜品店就设计了一张PVC邀请卡，卡上注明持卡到店免费送饮1杯鲜榨饮料，仅限持卡的贵宾客户。再根据要送的饮料，写一段文案，说明这个饮料有什么好处，比如说美容、护肤、养肝或者补充维生素C等。同时持有这张卡可以享受店里甜品8折优惠一年，带朋友来消费打6折，如果朋友当场办卡，那么当天再送一份巧克力千层蛋糕。

这个"诱惑的礼品"，本身就是自带钩的"鱼饵"。因为只要客户是附近的白领，一般不会单独前来，都会邀请身边的朋友一起过来。这样的话，通常就不会喝完饮料就走，会进行一定的消费，并且邀请朋友办卡。这样一来就不需要我们向新客户传播，持卡的客户就会主动向身边的人宣传了。

这个"诱惑的礼品"还有一个更重要的优点，客户来店才需要投入成本，不来是不需要投入成本的。

4.到目标客户聚集的地方"撒饵"

既然目标客户是附近写字楼的白领，目标聚集地就是附近的写字楼。但是，××甜品店没有采用街边派传单的方式去宣传，这种方式目标客户通常不会重视，宣传单可能随手就扔了。所以××甜品店学会借"力"，找到写字楼的物业，跟他们的负责人说："我们新店开业，为了宣传我们店，我们准备给客户免费体验我们店的产品和服务。所以印了一批邀请卡，凡到店的客户都送1杯鲜榨饮料。你们平时收这栋楼里面各个公司的管理费，但应该很少送东西给他们吧，你可以把这个邀请卡送给他们的负责人，跟他们说这是你们购买了送给他们的，感谢他们平时的配合。这样，你们可以不用花钱就回馈业主，以后管理起来更方便。我们也可以宣传自己。另外，凡持卡到店的客户，我们会将他们当天消费额的20%作为提成回馈给你们。"

一个写字楼几十家公司，两三个写字楼就够187份了。当然，有的物业可能不愿意送，这也没关系，找愿意配合的物业就可以了。

5.引导成交

客户来店，服务员不能傻傻地等着，要引导客户消费。

××甜品店对服务员展开培训，使其学会推销话术。服务员可以跟客户说，今天我们店开业，为感谢客户的支持，到店都可以送一个价值××元的试吃甜品套餐。当然，这个赠送的品种和量要刚刚好，能勾起他们想继续吃的欲望。

对于顾客来说，得到一张邀请卡，到店就送价值28元的鲜榨饮料，这个店又离他/她不远，是不是就会有欲望到店看看？而且送的饮料有点多，自己一个人喝不完，是不是就顺便叫两三个朋友一起去了？和朋友一起去还有更多礼品，是不是更加愿意叫朋友去了？

当他/她们到店了，听到服务员说持邀请卡的客户可以得到一个极大的优惠，送一个试吃套餐，是不是更惊喜了？反正也是来店里喝鲜榨饮料的，是不是有很大可能就顺便在这里试吃了？但送的甜品不够吃怎么办呢？是不是就会再点几个其他的甜品？

通过这样一番操作，××甜品店就成功做到了引流和销售。

第 3 章

原料采购管理

导言

想开店创业，一定要做好原料采购工作，选好原料就是把握了门店的关键。采购工作做得好，不但能控制经营成本，还能提升产品质量。因为好的产品离不开好的原料。

 常用原料了解

3.1.1　奶茶店常用的原料

一般制作奶茶常用的原料可分成四大类，它们分别是茶类、奶类、糖类、辅料类。

3.1.1.1　茶类

茶类原料主要是茶叶，以红茶和绿茶为主，比如红茶做的是普通奶茶，绿茶做的是"奶绿"。而且，现在用乌龙茶的也越来越多，比如"乌龙玛奇朵"。

3.1.1.2　奶类

这一类原材料是奶茶中最为重要的部分之一，决定了奶茶的整体口感。一般用鲜奶、淡奶或者奶精（植脂末），其特点分别如图3-1所示。

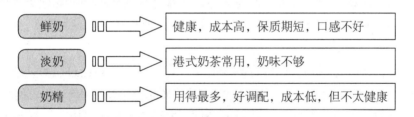

图3-1　奶类原料的特点

3.1.1.3　糖类

一般用的是白砂糖、果糖、蜂蜜、黑糖等。其中蜂蜜常用于制作蜂蜜柚子茶等饮品。

3.1.1.4　辅料类

所谓奶茶的辅料，所涉及的范围非常广，从作用上分主要有三种：调味用料、增味用料和美化用料（包装用料）。三者均是在原味奶茶的基础之上对其进行再加工的辅助用料。

（1）调味用料。顾名思义是调味用的，市面上常见的果味奶茶（如草莓奶茶、蓝莓奶茶等）、巧克力奶茶、香草奶茶等都需要相应的调味用料。调味用料从低端

到高端基本上有果味粉、固体粉、果露、浓缩果汁、茶浆、鲜果汁（榨汁）等，其中果露用得较少，浓缩果汁和鲜果汁现在多作为果汁或果茶的原料使用。

①果味粉。果味粉是较早期的调味产品，其优缺点如图3-2所示。

成本低，颜色鲜艳，口感相对浓烈

优点

缺点

档次低，不健康，口感和颜色不真实

图3-2　果味粉的优缺点

💡 **开店指南**

为了节约成本，果味粉一般添加了食用香精和色素来达到其所需的效果，此类调味料适用于中低端饮品店和路边摊。

②固体粉。奶茶里面加入一些粉体原料也能达到比较好的调味效果，比如可可粉、抹茶粉、椰子粉等。比如可用原味可可粉来调制巧克力味奶茶，其效果相当不错。

③茶浆。茶浆是采用果肉纤维制作的浆状调味料，一般经过脱酸处理，相对来说更健康，口感和颜色更为真实，缺点是相对果味粉来说成本较高（通常一杯500毫升的奶茶茶浆的成本在0.4元左右），颜色也没有果味粉鲜艳（毕竟是没有添加色素的，不可能对饮品颜色产生过于强烈的影响）。

💡 **开店指南**

茶浆本身不能即冲即饮，必须在成品原味奶茶的基础之上进行再加工，其更适用于中高端饮品店或家庭自制自饮。

④鲜果汁。可选择当季产出的各种新鲜水果，使用前务必洗净并去皮，以免残留农药；果肉容易变色的水果（如苹果、梨等），可先用少量水浸泡。常见口味有柳橙、凤梨、百香果、柠檬等，可到大型超市及食品材料行购买。

（2）增味用料。这里所说的增味用料，其涉及的产品面较广，市面上比较常见的主要有珍珠、椰果、红豆、布丁、仙草。具体如表3-1所示。

表3-1　增味用料的特点与用法

序号	品种	特点与用法
1	珍珠	珍珠的品牌市面上非常多。珍珠的做法一般是煮制，通常需要煮上几分钟再焖上几分钟（具体时间因品牌不同而不同，请咨询供应商）后放凉使用，为防止煮好的珍珠相互粘连可以在里面放入少许的果糖搅拌一下
2	椰果	椰果和珍珠不同，一般以成品的方式生产和保存，通常放在糖水里保存。在使用椰果之前，建议先过一遍水，会减少对奶茶口味的影响
3	红豆	一般以干红豆和红豆酱两种形式存在，各有特点，根据个人喜好选择
4	布丁	作为奶茶里面添加的布丁，作用一般是增加奶茶的滑度、稠度和饱满度，通常是不添加糖分的；单品布丁或双皮奶是需要加糖的
5	仙草	仙草是在南方比较盛行的一种产品，可做单品，可做甜品底料，也可做奶茶或其他饮品的增味用料，其成品与布丁类似（单指仙草冻），颜色呈黑色透亮，口感微苦。仙草在制作时需先用少量清水化开，再将化开后的仙草汁倒入沸腾的水中煮制，煮好后放凉备用即可，其制作比例因品牌不同而有所区别

（3）美化用料。顾名思义，是对奶茶成品进行美化的用料，通常大家看到的"盆栽奶茶""奶盖奶茶""提拉米苏奶茶"都是使用此类原料进行再加工而制成的奶茶产品，常用原料主要有淡奶油和奶盖粉。具体介绍如表3-2所示。

表3-2　美化用料的特点与用法

序号	品种	特点与用法
1	淡奶油	淡奶油是一种相对健康的动物奶油，需要加糖打发使用，多用来裱花，也可作为"盆栽奶茶"或其他奶茶的基底。一般的用法是放在奶茶液面上起承上启下的作用，上面可以点缀奥利奥碎、可可粉、抹茶粉、红豆以及淋酱等产品进行美化
2	奶盖粉	奶盖粉又叫奶泡粉，用于打发奶泡，拉花的奶茶和咖啡上面有一层白色泡沫就是奶泡。奶泡作为一种美化用料，其可操作空间很大，可以直接拉花，也可以在上面撒上颗粒比较细的各类粉剂（如抹茶粉、可可粉）做成各种形状，效果非常好

 相关链接

红茶的挑选技巧

如果说奶茶是一家饮品店的灵魂，那么红茶就是一杯奶茶的灵魂。国际红

茶等级划分如下表所示。

国际红茶等级划分

等级	具体说明
OP	Orange Pekoe，通常指的是叶片较长而完整的茶叶
BOP	Broken Orange Pekoe，顾名思义，较细碎的OP。滋味较浓重，一般适合用来冲泡奶茶
FOP	Flowery Orange Pekoe，含有较多芽叶的红茶
TGFOP	Tippy Golden Flowery Orange Pekoe，含有较多金黄芽叶的红茶。滋味、香气也更清芬悠扬
FTGFOP	Fine Tippy Golden Flowery Orange Pekoe，经过精细揉捻精制而成的高品质茶叶
SFTGFOP	Super Fine Tippy Golden Flowery Orange Pekoe，比FTGFOP在品质上更高一级
CTC	Crush Tear Curl，在经过萎凋、揉捻后，利用特殊的机器将茶叶碾碎（Crush）、撕裂（Tear）、卷曲（Curl），使其变成极小的颗粒状，方便在极短的时间内冲泡出茶汁，所以常常用于制造茶包

一般来说，大多数奶茶店采用的红茶原料是性价比极高的锡兰红茶和阿萨姆红茶。

1. 锡兰红茶

锡兰红茶产自斯里兰卡，作为奶茶原料源于香港。红茶是斯里兰卡的支柱产业，其全国共六大产区，年产约25万吨。按产区的海拔高低又分为"高地茶""中段茶"和"低地茶"，其中作为奶茶原料更为适合的是乌沃产区的高地红茶，最佳品质集中在每年的7～9月。乌沃产区的锡兰红茶其特点是茶汤呈橙红色且透亮，口感醇厚且苦涩，回味较为甘甜。

目前，很多奶茶店主要用锡兰红茶，市面上的货源也非常充足。那么，如此盛行的一款茶叶，又怎么去鉴别它的真与假、好与差呢？在此，给大家介绍三个简单的鉴别方法。

（1）看。纯正的锡兰红茶多呈无规则细小碎片状，采用的是TPC加工工艺，产品颜色呈较深的赤褐色。而拼配的"锡兰红茶"因为其成分里掺杂了太多的其他茶叶，其颜色往往呈偏黑色、浅褐色或褐偏红色，茶形也不尽相同。具体鉴别方法如下图所示。

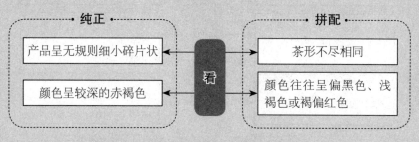

通过"看"来鉴别锡兰红茶

（2）泡。纯正的锡兰乌瓦红茶，其冲泡后的特征非常明显，作为奶茶原料通常开水泡制1～2分钟即可，茶汤呈透亮的橙红色，汤面有一圈金黄色的光圈。而拼配的"锡兰红茶"因为茶味不够往往需要泡制较长的时间，茶汤通常有橙黄色和红黑色两种，大多没有金黄色的光圈。具体鉴别方法如下图所示。

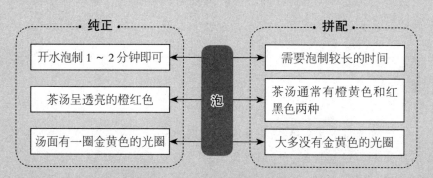

通过"泡"来鉴别锡兰红茶

（3）品尝。纯正的锡兰红茶味道非常纯正、浓郁，作为奶茶原料的锡兰红茶因为品级并不算高，往往有一定的苦涩味，但在制作成奶茶成品后苦涩味会被奶味和茶味所掩盖，入口饱满，回味甘洌。而拼配的"锡兰红茶"其茶味明显不够纯正，往往茶味淡、苦涩味重，其制作出的奶茶成品要么茶味不明显，要么苦涩味难以掩盖，入口通常会迅速扩散到舌头两边，回味清淡。具体鉴别方法如下图所示。

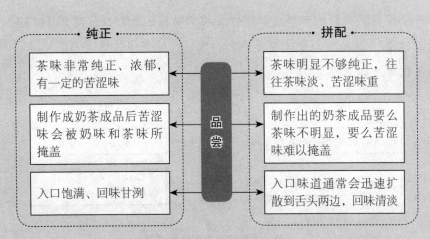

通过"品尝"来鉴别锡兰红茶

2.阿萨姆红茶

阿萨姆红茶产自印度东北部的阿萨姆邦。茶叶在阿萨姆邦最初只是为了遮阳庇荫，后由于气候适宜，逐渐发展为现今世界四大红茶之一的阿萨姆红茶，其最佳品质期是每年的6～7月。阿萨姆红茶相对锡兰红茶来说颜色更深、口味也更重，通常外形呈深褐色，茶汤深红偏褐色，带有淡淡的麦芽香，茶味非常浓烈，在口感上属烈性茶，作为成品茶通常会被拼配上其他茶叶以适度中和其口感。

印度不同于斯里兰卡，对红茶的加工工艺要求更高，作为奶茶原料用到的阿萨姆红茶通常是采用CTC加工工艺的碎形茶，其外形呈卷曲颗粒状，出味较条形茶更快。和锡兰红茶一样，市面上所谓的"阿萨姆红茶"有相当一部分也是国产茶拼配甚至完全由国产茶喷洒香精制成，品质可谓参差不齐，这也成了令很多饮品店店主头疼的问题。那么，怎么去鉴别阿萨姆红茶呢？大家也可通过以下几个方法来鉴别。

（1）看。纯正的阿萨姆红茶通常采用CTC加工工艺，形状是卷曲的小颗粒状，如小米的米粒大小，且大小均匀，颜色呈深褐色。而拼配的"阿萨姆红茶"往往大小不均，还有不少呈碎渣状，颜色也深浅不一。具体鉴别方法如下图所示。

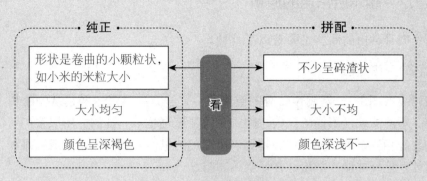

通过"看"来鉴别阿萨姆红茶

（2）泡。纯正的阿萨姆红茶，一般需要泡制2～4分钟，茶汤呈深红偏褐色。而拼配的"阿萨姆红茶"因为茶味不够往往需要泡制较长的时间，且茶汤颜色往往会偏淡呈橙红色或偏重呈黑褐色。具体鉴别方法如下图所示。

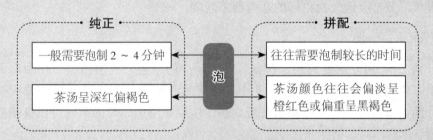

通过"泡"来鉴别阿萨姆红茶

（3）品尝。纯正的阿萨姆茶味浓烈，香气浓郁，带有一股淡淡的麦芽香，入口先苦后甘，回味悠长。而拼配的"阿萨姆红茶"，一般茶味会很单薄、轻浅，入口要么苦要么味淡，回味中几乎没有太多茶味。具体鉴别方法如下图所示。

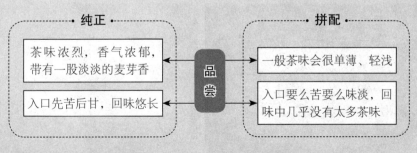

通过"品尝"来鉴别阿萨姆红茶

3.1.2　咖啡店常用的原料

制作咖啡常用的原料主要有以下几种。

3.1.2.1　咖啡豆

咖啡豆（图3-3）是制作咖啡的重要原料之一。咖啡豆主要是从咖啡树上采摘下来的。不同的地区不同的气候，咖啡豆的味道也是不一样的。所以我们可以根据自己的喜好和需求来选择一些咖啡豆，用专门的机器将咖啡豆研磨成咖啡粉，然后经过过滤，这样才能冲泡出一杯好喝的咖啡来。

3.1.2.2　牛奶

对于有些消费者来说，特别苦的原味咖啡是喝不习惯的，但是又特别想感受咖啡带来的一些味觉和精神上的冲击，所以这时候就可以在咖啡里面加上一些纯牛奶，冲调出一杯口味较淡，且不是那么苦的咖啡。这样的话，消费者既可以感受咖啡的香气，又不会因为太浓郁的味道而不想喝。

3.1.2.3　方糖

方糖（图3-4）也是调制一杯咖啡不可缺少的原料。要想品出一杯咖啡更丰富的味道，需要在里面加入一丝丝甜味，这样的话消费者更能感受到先苦后甜的滋味，才能让口腔里的味道更加富有层次感。所以在冲调咖啡的时候可以直接放上一块方糖。

3.1.2.4　奶油

比如，看上去"颜值"特别高的卡布奇诺，就是在咖啡表面放了一层奶油（图3-5）。消费者喝的时候可以将上面的奶油先吃掉再喝，也可以将奶油混合在咖啡

图3-3　咖啡豆　　　　　　　　　　　　图3-4　方糖

里。不管哪一种喝法，都可以给咖啡带来不一样的味道。让奶油和苦咖啡相碰撞，可以让消费者感受不同的味道。

3.1.2.5 巧克力

现在有很多消费者更喜欢层次丰富、口味独特的咖啡，因此可将巧克力液融入咖啡，冲调出好喝的巧克力咖啡。这样制作出来的咖啡比较甜，更加适合一些不喜欢苦味的消费者。

图3-5 奶油

 相关链接

咖啡豆的选购技巧

咖啡的生命就是咖啡豆的新鲜度，判定咖啡豆的新鲜度有以下技巧。

1. 闻

将咖啡豆靠近鼻子，深深地闻一下，看是不是能清楚地闻到咖啡豆的香气，如果是的话，代表咖啡豆够新鲜。相反，若是香气微弱，或是已经开始出现油腻味的话（类似花生或是其他坚果类放久会出现的味道），表示这咖啡豆已经完全不新鲜了。这样的咖啡豆，无论你花多少心思去研磨、去煮，也不可能制作出一杯好咖啡来。

2. 看

将咖啡豆倒在手上摊开来看，看豆子的颜色和颗粒大小是否一致，好的咖啡豆外观明亮有光泽。

3. 剥

拿一颗咖啡豆，试着用手剥开看看，如果咖啡豆够新鲜的话，应该可以很轻易地剥开，而且会有脆脆的声音和感觉。若是咖啡豆不新鲜的话，你会发现好像必须很费力才能剥开一颗豆子。

把咖啡豆剥开还可以看出烘焙时的火力是不是均匀。如果均匀，豆子的外皮和里层的颜色应该是一样的。如果表层的颜色明显比里层的颜色深很多，表示在烘焙时的火力可能太大了，这对咖啡豆的香气和风味也会有影响。

4. 捏

用手捏捏，感觉一下是否实心，避免买到空壳的咖啡豆。

5. 嚼

选购时，最好拿一两颗咖啡豆在嘴中嚼一嚼，要清脆有声（表示咖啡豆尚未受潮），齿颊留香才是上品。咖啡豆失去香味或有陈味时，表示咖啡豆已经不新鲜了，不适合购买。

3.1.3　甜品店常用的原料

对于地段不同、规模不同、品类主营方向不同的甜品店，其所需的原料也不相同，但是主要的原料有以下几种。

3.1.3.1　乳品

乳品中的脂肪，带给人浓郁的奶香味。在烘烤甜品时，乳品能使低分子脂肪酸挥发，奶香更加浓郁。同时，乳品中含有丰富的蛋白质和人体所需的氨基酸，维生素和矿物质含量也很丰富。而面粉中的蛋白质是一种不完全蛋白质，缺少赖氨酸、色氨酸和蛋氨酸等人体必需氨基酸。所以，在甜品中添加乳品可以提高成品的营养价值。

3.1.3.2　糖粉

糖粉为颗粒研磨得最细的糖类原料，除了可以增加成品的甜味，还可撒于成品之上作为装饰。成品若需久置，则必须选择具有防潮性的糖粉，以免吸湿。

3.1.3.3　盐

对于大多数烘焙食品，盐是一种非常重要的调味料，适量的盐可增加原料特有的风味。盐在面团中可以增强面团的韧性和弹性，还可以改善发酵品表皮的颜色，降低面糊的焦化度。

3.1.3.4　蜂蜜

甜品里面加入蜂蜜后，不仅能增加风味，还能改善甜品品质。蜂蜜中含有大量的果糖，果糖有吸湿和保持水分的特性，能使甜品保持松软、不变干。

3.1.3.5　玉米淀粉

在做甜品时放入少量玉米淀粉，可降低面粉筋度，增强甜品松软的口感。

3.1.3.6　酵母粉

酵母粉有新鲜酵母、普通活性干酵母和快发干酵母三种。在烘焙过程中，酵母产生二氧化碳，具有膨大面团的作用。酵母发酵时会产生酒精、酸、酯等物质，形成特殊的香味。

3.1.3.7　泡打粉

泡打粉又名发酵粉，是一种复合膨松剂。泡打粉在接触水、酸性及碱性液体时会发生反应，会释放出二氧化碳，同时在烘焙加热的过程中，会释放出更多的气体，这些气体会使产品达到膨胀及松软的效果。但是过量地使用反而会使糕点组织粗糙，影响风味甚至外观。

3.1.3.8　白砂糖

作为制作甜品的主要材料，白砂糖除了可增加甜度，还可以帮助打发的全蛋或蛋白形成更持久、更浓稠的泡沫状，另外，还可帮助打发的黄油呈蓬松的羽毛状，使糕点组织柔软细致。应选用颗粒较细小的精制白砂糖。

3.1.3.9　油脂

油脂是油和脂的总称，一般在常温下呈液态的称为油，呈固态或半固态的称为脂，油脂不仅有调味作用，还能增加食品的营养价值。制作过程中添加油脂，还能大大提高面团的可塑性，并使成品柔软光亮。

3.1.3.10　面粉

面粉是制作甜品的最主要原料，其品种繁多，在使用时要根据需要进行选择。面粉的气味和滋味是鉴定其质量的重要感官指标。好面粉闻起来有新鲜而清淡的香味，嚼起来略具甜味。

开店指南

凡是有酸味、苦味、霉味和腐臭味的面粉都属变质面粉。

3.1.3.11　鸡蛋

甜品里加入鸡蛋不仅有增加营养的效果，还能增加甜品的风味，并能利用鸡蛋中的水分构建甜品的组织，令甜品柔软美味。

3.1.3.12　奶粉

奶粉是以新鲜牛奶或羊奶为原料，用冷冻或加热的方法，除去其中几乎全部的水分，干燥后添加适量的维生素、矿物质等加工而成的。用于制造面包或蛋糕，可以增加成品的香味，让口感更好。

3.1.3.13　蛋白稳定剂

一般做甜品的常用蛋白稳定剂叫塔塔粉，塔塔粉在蛋白中起的作用是增强食品中的酸味，通过中和作用来调整食品的pH值，还能通过溶解蛋白来延缓蛋白霜的老化。

3.1.3.14　绿茶粉

绿茶粉能使产品着色，增加香味。100%由绿茶研磨而成的绿茶粉末，略带苦味，加入糕点中可使其具有绿茶风味，不可使用含糖或奶精调味过的即溶绿茶粉。

3.1.3.15　即溶吉士粉

即溶吉士粉是一种混合型的佐料，呈淡黄色粉末状，具有浓郁的奶香味和果香味，由疏松剂、稳定剂、食用香精、食用色素、奶粉、淀粉和填充剂等组合而成。主要作用是增香、增色、增加松脆性，并使制品定型，增强黏滑性。

3.1.3.16　各类坚果

甜品制作中常用的坚果有杏仁、核桃、腰果、松子仁等。若想要酥脆的口感，可以在使用前先把坚果放至烤箱中烘烤片刻，风味更佳。

3.1.3.17　红糖

红糖又称黑糖，含有较浓郁的糖蜜及蜂蜜香味，适用于某些风味独特或颜色较深的糕点产品，例如红糖糕。常见的红糖为粉末状，也有块状红糖。

3.1.3.18　镜面果胶

镜面果胶是一种植物果胶，可直接涂抹于蛋糕等甜点表面，形成一层光亮胶膜，具有增加光泽、防潮及延长食品保存期限的功能。

3.1.3.19　小苏打粉

小苏打粉为西点膨大剂的一种，适合用于巧克力或可可蛋糕等含酸性材料较多的配方中，但若用量过多会产生碱味。

3.1.3.20　琼脂／琼脂粉

市售的琼脂有条状与粉状两种，是一种由藻类提炼而成的凝固剂。使用前必须先冷水浸泡，可溶于80℃以上的热水，成品口感具脆硬特性，在室温下不会溶化。

3.1.3.21　果酱

果酱可用于蛋糕或西饼夹馅，或者作为蛋糕体之间的接着剂，如瑞士卷。果酱加少许水或柠檬汁稀释煮开后，也可涂抹于甜点表面作亮光胶，作为镜面果胶的代用品。

3.1.3.22　白油

白油俗称化学猪油或氢化油，是仿照猪油性质经氢化制成的无臭无味白色固态油脂，可代替奶油或猪油使用，或用于为烤盘模型抹油，冬天可置于室温保存，夏天则收藏于冷藏室即可。

3.1.3.23　酥油／人造植物油

酥油种类甚多，一般常用的是利用白油再添加黄色素及奶油香料所制成的，价格比黄油便宜，被大量用来代替黄油使用。

人造植物油，也可代替黄油使用，另有人造黄油，多用于制作起酥类等多层次的面包产品。

3.1.3.24　色拉油

色拉油是由大豆提炼而成透明无味的液态植物油，经常使用于戚风蛋糕及海绵蛋糕的制作，但不适合添加于其他的烘焙产品中。色拉油若与白油以1∶3的比例混合，则可代替猪油。

3.1.3.25　牛奶

可用鲜奶或利用奶粉冲泡还原为牛奶使用，亦可将蒸发水分后的奶兑水后代替使用，三者之中仍以鲜奶风味最佳。

3.1.3.26　黄油

黄油是从牛奶中所提炼而成的固态油脂，是制作西点的主要材料之一，通常含有1%～2%的盐分，做特定西点时才会使用无盐黄油。黄油可使甜点组织柔软，还可增强风味，需冷藏或冷冻保存。

3.1.3.27　鲜奶油

植物奶油和淡奶油都可以叫作鲜奶油。

植物奶油（植脂奶油、人造奶油）是以大豆等植物油为主要原料，加入水、甜味剂、乳化剂、增稠稳定剂、香精、色素等配料加工而成，具有颜色纯净、富有光泽、用途多、容易打发、易操作、稳定性优良及打发量大等特点。

淡奶油一般指可以打发裱花用的动物奶油，打发成固体状后就是蛋糕上面装饰用的奶油了。淡奶油相对植物奶油更健康，因为没有加糖，所以称之为淡奶油。

3.1.3.28　奶油奶酪

奶油奶酪为未成熟的新鲜奶酪，含有较多的水分，具浓郁的奶酪味及特殊酸味，经常用于制作奶酪类西点蛋糕，必须冷藏保存。

3.1.3.29　酸奶

酸奶为牛奶经乳酸菌发酵而成的乳制品，具有独特的乳酸味。市面上所售酸奶口味众多，制作糕点时最好选用原味酸奶。

3.1.3.30　咖啡粉

咖啡粉是从咖啡豆中萃取而成的干燥颗粒，用于制作各种咖啡风味的糕点，如咖啡戚风蛋糕、咖啡冻、咖啡冰淇淋等。加入材料前必须先溶于热水，以利于与其他材料的融合。

3.1.3.31　巧克力块

巧克力块是由可可豆提炼而成，烘焙上使用以苦/甜巧克力、白色的牛奶巧克力，以及调味的草莓、柠檬、薄荷巧克力等为主。隔水加热至50℃即可熔化，也可削出薄片作为蛋糕上的装饰。

图3-6　巧克力豆

3.1.3.32　巧克力豆

巧克力豆（图3-6）是将巧克力做成小水滴状，具有浓厚的巧克力风味。制作饼干时，可添加在面团中增加口感与香味。

3.1.3.33　香草

香草精和香草粉皆是由香草豆所提

炼而成的香草香料。香草精又有天然和人工两种，其作用为增加成品的香气、去除蛋腥味，由于味道香浓，使用时不可过量。香草棒则必须与液体一起熬煮才能释放出香味。

3.1.3.34　可可粉

可可粉是可可豆脱脂后研磨制成的粉末，为制作巧克力风味甜点的原料，制作时应选用不含糖和奶精的纯可可粉。使用前需先溶于热水再拌入其他材料中，也可撒在糕点上作为装饰。

3.1.3.35　威士忌

威士忌是由小麦等谷类发酵酿造制成的蒸馏酒，酒精浓度达40%，制作甜点时加入威士忌，即使经过烘焙仍能保留酒香。适量加入材料中或涂抹于烤好的蛋糕体上，可提升及丰富甜点的风味，白兰地也有相同效果。

3.1.3.36　咖啡利口酒

咖啡利口酒是香甜酒的一种，是具有咖啡豆风味的蒸馏酒，制作提拉米苏或其他咖啡风味甜点时经常使用，也可用于调酒或加入咖啡、淋酱之用。

3.1.3.37　肉桂

肉桂取其树皮干燥后研磨成粉即为肉桂粉，具有特殊香气，时常添加于土豆糕点以及咖啡中，或者撒于甜甜圈上。

3.1.3.38　水果罐头

水果罐头分为拌入材料及夹馅用两种，前者常用的有蓝莓及樱桃罐头，内含果粒及果汁；夹馅用的水果罐头，用于直接夹馅或浇淋装饰于甜点表面，常用的有蓝莓、樱桃、杏、水蜜桃等，糖分均较高。

3.1.3.39　葡萄干、桑葚干等干制水果

此类干制水果是西式糕点里经常出现的佐料，适当添加可丰富糕点风味及口感。通常会事先浸泡于水或洋酒中以补充水分，在面糊或面团即将搅拌完成时再加入拌匀即可。

3.1.3.40　综合水果蜜饯

综合水果蜜饯是取柠檬皮、橘皮、樱桃干等糖渍而成，是制作水果蛋糕、乡村面包、圣诞面包不可缺少的风味材料，使用前不需再泡水，直接加入材料中即可。

3.2 采购过程控制

门店开起来之后，对原料的采购是个长期的定时的工作，而且也非常重要。不仅要根据销售量来采购原料，而且要在采购时分辨原料好坏，保证原料质量，这就需要加强对采购过程的控制。

3.2.1 采购渠道的选择

创业者如果开的是加盟连锁店，连锁总店会直销原料，不用担心货源的问题。如果是自营开店，就需要自己采购原料。一般来说，可通过图3-7所示的两种渠道来采购原料。

图 3-7　采购原料的渠道

3.2.1.1 找当地批发市场

你可以找本地的原料批发市场进货，在本地进货，能看到实实在在的货品，比较靠谱。

3.2.1.2 网上采购

现在是信息、网络科技迅速发展的时代，互联网使我们足不出户就可以购物。原料也可以在网上买到，几乎所有的生产厂商都纷纷入驻各大平台，做起了线上买卖。不过这需要购买者仔细辨别货源的真伪，以免上当受骗。

开店指南

> 对于门店来说，我们可以采取本地采购与外地采购相结合、固定采购与分散采购相结合等方式，尽可能缩减成本，保证质量。

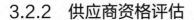

3.2.2 供应商资格评估

对供应商资格的评估有书面评估、样品评估、实地考察等方式。

3.2.2.1 书面评估

供应商向门店提供相关的资格证书原件和复印件、产品说明书或样品及企业情况介绍，由门店对供应商进行评估确认。

3.2.2.2 样品评估

必要时，门店可根据需要对资格评估合格的供应商提供的产品和服务进行试用。试用阶段主要检验其货品质量是否稳定，货品是否适销对路，送货是否及时，价格是否合理，货品、服务与其他供应商相比是否较好等。

3.2.2.3 实地考察

必要时，门店负责人和采购人员可根据实际情况，到供应商所在地进行实地考察。

 **相关链接**

如何选择烘豆商

随着个人咖啡烘焙坊的兴起，现在烘焙咖啡豆的店家是越来越多。但是有些规模较小的咖啡店，还是需要采购直接烘焙好的咖啡豆。

选择烘豆商的时候，不要让所谓的名气成为唯一标准，一定要充分考虑门店的需求，选择符合自己条件的产品。对于店家来说，确保咖啡豆风味的稳定是非常重要的。所以说，与供货的烘豆商是否能建立深厚的信赖关系，以及其供货的稳定性是一定要重点考虑的。

1.大型烘豆商

大型烘豆商在成本上是非常有优势的，可以比小型烘豆商以更低廉的价格采购到生豆。采购的生豆的数量、品质，也是非常有优势的，这样可以保证咖啡豆风味相对稳定。因此，选择大型烘豆商，店家的采购成本和品控成本相对较低。

2.小型烘豆商

选择小型烘豆商最大的优点是可以定制化。店家可以直接订购和生产自己想要的咖啡豆，但是价格也会相对较高。对于要定制有独特口味的门店可以考虑选择小型烘豆商。

3.2.3　建立严密的原料采购制度

没有一个严密的原料采购制度，就无法对门店进行行之有效的控制。店的规模不同，其采购职能设置也就不完全一样。

大型连锁店有专门负责所有用品及原料的采购人员，有的中小型门店则直接由采购员负责采购，或其他人员兼职采购，这样采购程序就不尽相同，采购制度的繁简也就有了差异。但是有一点应明确，就是岗位应明晰，权责要明确，按采购的质量标准、数量标准、价格标准开展采购工作。

3.2.4　确定合理的采购价格

原料采购人员应在确保原料质量符合采购规格的前提下，尽量争取最低的价格。建立了标准成本体系对成本进行控制的门店可以从标准成本出发，进行采购价格控制，这就要求采购人员在充分比较各供应商报价及其原料出品率的基础上，再确定合理的采购价格。

要想以理想的价格获取所购原料的理想使用价值，不仅要考虑原料的质量，还要考虑供货商的服务等。门店不能片面地追求低价采购，而忽视了对食品原料品质的要求，适当的价格比较是合理管理采购价格的重要方法。

在保证质量不打折扣的基础上，去比较价格，选择相对低价的优质供货商。采购人员也不应忽略对其他因素的考量，比如供货商的供货能力、供货质量、信誉人品等。万不可肆意更改供货网络，要有比较有取舍，综合考量。

为了保证与供货商的合作，可以协议形式固定价格，长期合作，获取价格上的优惠。采购尽可能地减少中间商环节，直接进货，在节省开支的同时，也更容易追根溯源，保证食品原料稳定如一的品质。

3.2.5　严格控制采购数量

对于门店来说，如果库存过多，容易使原料腐烂变质。有时，门店为了图便宜，一次性采购大批原料，不仅造成大量的资金占用，也会使原料变质，造成更大的损失；如果采购数量不足，无法满足门店的实际需要，又会形成缺货造成损失。

如没有按顾客的口味合理估计各原料的采购量而造成缺货，不但影响收入，而且影响顾客的消费心情。

因此，对于原料采购的数量，门店要合理确定并严格控制。

3.2.5.1　采购数量的确定

采购数量的确定受营业需要、资金情况、仓库条件、现有库存量、原料特点、市场供应状况等因素的影响。其确定方法如图3-8所示。

容易变质的鲜货原料需每天或每周采购几次，鲜货原料的采购数量可根据下列公式确定：应采购数量＝日需使用量－现有数量

可在仓库里存放一段时间且不易变质的原料或干货，其采购的频率较低，有的咖啡原料每两周采购一次，有的一个月或几个月采购一次

图3-8　采购数量的确定方法

3.2.5.2　保证原料的最低贮存量

干货和冷冻食品原料的保质期会长一些，可集中批量采购（如两周的使用量）。要注意保证食品原料的最低贮存量，也就是某种食品原料经过一段时间的取用后，其数量降低至需要采购的数量，但又能维持至新原料到来的时候。

最低贮存量的计算要合情合理，要清楚某一食品原料的日需使用量，还有物流到货的时间，以及为预防供货或者运输问题而预留的食品原料数量等。不要存在侥幸心理，要考虑到供不应求、运输故障（比如不可控的天气因素）等问题。

开店指南

　　在准备去采购原料的时候，可以根据门店近段时间产品的销量来确定原料的采购数量，以免造成不必要的浪费。

3.2.6　确保采购质量

除了要对原料的数量格外注意，原料的质量也是不能忽视的。原料的质量会影响产品的口感，好的原料自然是可以提高产品的口感的，间接地也就可以让顾客对

你店里的产品有一个好的印象，而差的原料会使得产品的口感变差，顾客可能在尝过一次之后就不愿意再尝下一次了。

因此，门店必须把好原料质量关，保证采购的原料没有质量问题，具体措施如图3-9所示。

措施一　**编制采购规格说明书**

采购质量控制可以编制采购规格说明书以规定规格标准。规格标准是根据门店的需要，对所采购的种种原料作出详细而具体的规定，其主要内容有：原料产地、等级、大小、色泽、包装要求等

措施二　**选择可靠的供应商**

采购人员在采购时，应选择可靠的供应商，多走多看多比较，并在交货环节把好质量关

措施三　**按需采购**

对于使用频率不太高的原料可考虑采购小规格包装。对于鲜活原料，要进行小批量采购，需要根据保鲜期的长短来确定进货批量，最好是每日采购

图3-9　确保采购质量的措施

3.2.7　合理安排采购时间

原料采购由下订单到收货有个时间周期，所以下订单的时间要按店内的库存量来定。店内的库存量一定要保证在这个时间周期内店面能正常运营。

 **相关链接**

如何做合格的奶茶原料采购员

想做出好喝的奶茶，就要注重奶茶原料的好坏。从采购奶茶原料的那一刻，就开始决定奶茶产品的味道了，所以一个合格的奶茶原料采购员，是对奶茶饮品味道最基本的保障。下面来看一看怎样才是一名合格的奶茶原料采购员。

1.要经过市场采购技术培训

在采购时，采购员的经验至关重要。因此，采购员最好经常参加奶茶的采购技术培训。

2.了解采购市场和餐饮市场

对于任何一个人来说，经验都是通过实践从无到有，由少到多积累起来的。作为采购员，应了解奶茶原料市场的供应情况以及顾客对饮品的偏爱和选择。

3.熟悉原料的采购渠道

采购员应该知道什么原料在什么地方采购，哪里的品质好，哪里的货便宜。任何企业都要有多种采购渠道，这样才能保证供应。采购渠道的维持建立在互相信任、互相帮助的基础上，也涉及采购员的交际能力。

4.熟悉原料的规格及品质

采购员应对市场上各种原料的规格和品质有一定的了解，有鉴别好坏的能力。如原料的产地、出产年份、季节等都会影响其品质。

5.了解进价与售价的核算方法

采购员应了解店里每一种饮品的名称、售价和分量，知道门店近期的毛利率和理想的毛利率。这样，在采购时就能知道某种原料在价格上是否可以接受，或是否可以选择代用品。

6.了解饮品及附属食品制作的要领及吧台和厨房业务

采购员虽然不必都是饮品制作师，但至少应懂得原料的用途以及品质标准要求。尤其是在还没有制定采购原料品质标准时，更应具备这一素质，以确保能准确采购到所需的原料。

3.3　原料验收控制

验收是食用材料进入门店前必经的过程，收料工作是否迅速与顺利，对产品烹饪加工的产销效率影响极大，因此门店应做好食材验收管理。

3.3.1 验收程序

验收工作非常重要，必须注意各单项进货价格，并确认是否为所采购的原料，再检查品质规格与份数是否正确，因而验收是采购与仓储存料及产品制作之间的桥梁。原料的购得如未经仔细、迅速、确实的检验点收，很可能出现混乱错误，势必影响产品的制作，甚至影响门店的销售。

3.3.1.1 验收前的准备

收货品管（品质管理）人员在工作之前须先了解收货品项的采购规格、交货数量与到货时间，同时准备合格的验收工具，来点收交货的数量与品质。

3.3.1.2 检查品质规格

原料到货时，验收人员依订货单确认到货的品质规格确为所需的货品。品管验收的检查方式，可分全数检查（重要品项的原料）或抽样检查（次要品项的原料）。

3.3.1.3 数量检查

当品质规格经确定后，依订货需求数量对进货数量加以点收，如无误，则填写单据后，即可入库或交予使用单位。

开店指南

验收工作对采购、订货与使用单位来说，发挥稽核把关的作用，依照正确的规定与程序执行验收工作，可使整个原料管理流程完美无缺，而达到最佳的成本控制效益。

3.3.2 验收数量不符处理

数量不符可能是太多了或不足，当太多时，则多出的数量应拒收，请送货人员载回，单据上填写实际收货数量；如果货量不足，则应即刻通知订货、采购、仓管及使用单位各相关人员做必要的处置。

另外须注意的是，一旦发生验收数量短少时，要确实做到一笔订货单一次收货动作，再补货时，则须视为另一笔新订单，如此才能确保账面与实际原料数量的正确性，及减少人为的疏失与弊端。

3.3.3 验收品质不符处理

收货人员在收货时，图3-10所示的两种情况要注意。

 检查原料是否有损伤，有可能原料在运送过程中会出现包装损坏的情况，这种破损由运送者承担

 检查质量，看是否有低于质量要求的原料或保质期有问题的原料

图3-10 质量检查应注意的事项

收货人员一旦发现上述问题，必须立刻提出来，因为有问题的原料会给产品及店面带来很多问题，损害店铺利益。

当品质不符时，非食品类可采取退货方式处理，如果是不适合久贮的物品，可与送货人员确认后请其带回。因为品质不符退回原供应商而产生的数量的不足，可请订货或采购人员重新补订货。

3.3.4 验收注意事项

对于采购回来的原料，门店在安排人员验收过程中，应注意图3-11所示的几个方面。

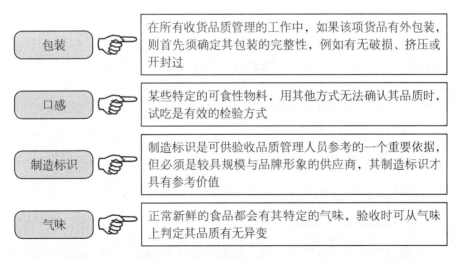

图3-11

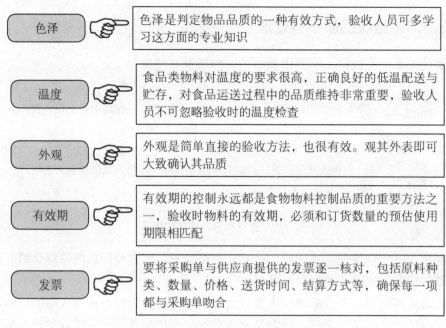

图3-11 验收注意事项

3.4 原料储存管理

3.4.1 原料压仓控制

要想维持门店的正常经营，一定的原料储备是很有必要的，以免出现备料不足让顾客一直等待而影响生意的情况。但原料也可能因没有按计划采购而出现存货，日积月累，就会出现越积越多的情况。原料都有保质期，如果存货太多，用不完，就会面临过期导致浪费。

3.4.1.1 压仓的原因

门店之所以出现压仓的情况，主要有图3-12所示的三个原因。

3.4.1.2 避免压仓的措施

为了避免以上情况，经营者在经营过程中要总结规律和经验，让每一次进货都有计划地进行，具体措施如图3-13所示。

1 快到期了不好卖

缺少经营经验，对市场消费能力预估过高 **2**

3 产品口味不好，卖不出去，导致原料过剩

图3-12 原料压仓的原因

措施一 结合平时的经营情况，进货之前进行盘货，这样能够很清楚地看出原料的使用情况

措施二 掌握平时的销量，根据销量确定进货数量，将库存保持在合理的数量

措施三 要有稳定的货源，这样才能保证产品的品质和种类，不必担心产品不好卖

措施四 进货时要有针对性，要分析店内哪些产品好卖，哪些产品滞销，然后调整产品结构

措施五 注意进货的价格，以便控制进货量，控制成本，最大限度地减少压仓货

图3-13 避免压仓的措施

 相关链接

不同档次奶茶店的采购清单

对于奶茶店来说，不同的档次，其采购的原料也不尽相同。下面以制作类似产品一个星期的用量为例，具体介绍低档、中档、高档奶茶店分别需要采购的原料。

1.低档奶茶店原料采购清单

品名	数量	单位	单价/元	金额/元	备注
奶精	1	件	295	295	台式奶茶专用奶精
红茶	10	包	10	100	特选红茶（奶茶专用茶叶）
果糖	1	桶	150	150	
珍珠	1	件	95	95	××牌珍珠
果味粉	12	包	13	156	不同口味
果汁	6	瓶	18	108	不同口味
椰果	3	瓶	10	30	××牌椰果（原味）
酸奶	1	瓶	35	35	
合计				969	

2.中档奶茶店原料采购清单

品名	数量	单位	单价/元	金额/元	备注
奶精	1	件	365	365	台式奶茶专用奶精
红茶	10	包	10	100	特选红茶
绿茶	2	包	25	50	茉香绿茶
果糖	1	桶	150	150	
珍珠	1	件	95	95	××牌珍珠
果粉	12	包	18	216	不同口味
果汁	6	瓶	21	126	不同口味
果酱	6	瓶	30	180	不同口味
椰果	2	瓶	10	20	原味
酸奶	1	瓶	35	35	

续表

品名	数量	单位	单价/元	金额/元	备注
红豆罐头	2	罐	33	66	
双皮奶粉	2	包	20	40	
仙草汁	1	罐	30	30	
龙眼香蜜	1	瓶	35	35	
冬瓜露	1	瓶	28	28	
合计				1536	

3.高档奶茶店原料采购清单

品名	数量	单位	单价/元	金额/元	备注
奶精	1	件	425	425	红茶专用奶精
红茶	10	包	8	80	香子红茶
绿茶	5	包	11	55	精选绿茶
乌龙茶	2	包	25	50	
果糖	1	桶	150	150	
白砂糖	1	件	280	280	
珍珠	1	件	120	120	××牌珍珠
椰果	3	瓶	15	45	
果味粉	12	包	26	312	不同口味
果汁	8	瓶	30	240	不同口味
果酱	6	瓶	30	180	不同口味
奶昔粉	5	包	38	190	原味
沙冰粉	2	包	25	50	
蜂蜜花果茶	5	瓶	25	125	

续表

品名	数量	单位	单价/元	金额/元	备注
龙眼香蜜	1	瓶	35	35	
仙草汁	1	罐	30	30	
双皮奶粉	1	包	25	25	
红豆罐头	1	罐	33	33	
焦糖果冻	1	瓶	30	30	
蓝山咖啡豆	1	包	50	50	
姜母汁	1	瓶	38	38	
布丁粉	2	包	30	60	
阿华田	1	罐	50	50	
酸奶	1	瓶	35	35	
奥利奥饼干碎屑	1	包	20	20	
话梅	1	包	20	20	
酒店奶茶粉	2	包	20	40	
酒店咖啡粉	2	包	35	70	
焦糖（小）	1	瓶	45	45	
合计				2883	

3.4.2　奶茶原料的储存

凡是开店都会遇到如何储存好原料的问题。奶茶原料多种多样，不同的奶茶原料储存方法也是不同的。一般来说，奶茶原料的储存可以分为常温储存、冷藏储存和冷冻储存三种储存方法。

3.4.2.1　常温储存

常温下储存的奶茶原料包括奶精，各种口味的果粉、糖浆、果酱、果汁等，这个可以按照奶茶原料包装所示的储存方法来区分。

储存时要尽量保持存放环境的干燥阴凉，同时尽量减少原料接触空气的时间，如：开封后的奶精、果粉用后尽快将开口扎紧，或者将果粉放入密封罐中；开罐后的果汁、果酱取用完第一时间盖上盖子，养成良好的习惯。

3.4.2.2　冷藏储存

冷藏指的是温度在常温以下0℃以上。冷藏储存的奶茶原料主要包括：蜜豆、蜜豆罐头、椰果、烧仙草、果冻、布丁等。详情可以参考产品包装上的说明。奶茶备料除珍珠、茶汤以外，其他备料一般都需要冷藏储存。

3.4.2.3　冷冻储存

冷冻是指温度在0℃以下。需要冷冻保存的大多都是一些生鲜小吃类的原料，冷冻环境下的保质期比较长，一般都是以月来算，不容易过期。

开店指南

　　奶茶各种原料的储存方法不尽相同，具体的储存方式可以参考包装上的说明来进行分类存放。在对原料保存的时候要分开存放，以免发生串味的现象，影响奶茶的味道。要定期检查，及时处理过期的材料。

 相关链接

常见奶茶原料的储存方法

1.植脂末（奶精）

植脂末（奶精）易吸收水分，容易变质，所以大包需要存放在干燥阴暗处。散装、临时用的植脂末（奶精）也需要用密封罐或奶精盒装好。

2.珍珠（珍珠粉圆）

珍珠粉圆一整包是用塑胶袋密封，整箱放在干燥阴暗处即可。但是开了包装的散装珍珠粉圆则需要再用塑胶密封袋装好，以免变质。

3.茶叶

茶叶爱吸异味，更怕潮湿、高温和光照。烘烤加工的成品茶极为干燥，用手指轻轻一捻即碎，应尽量保持茶叶这种干燥状态。茶叶贮存的最佳温度为0～10℃。气温在15℃左右保存期不能超过4个月；气温在25℃以上，保存期不宜超过2个月，否则会出现较明显的变色和变味。

4.果糖

果糖是一种吸湿性的食品，怕潮湿、怕高温又怕寒冻。因此需要存放在室内相对湿度不超过70%、温度不低于0℃的环境。在0℃以下，糖会因受冻而结块。夏季的贮糖环境不要高于35℃，温度过高糖会化了。

5.果粉

果粉需要存放在干燥阴暗处。

6.果汁/果酱/果露/果泥

果汁/果酱/果露/果泥跟果糖差不多，含糖量比较高，所以存放方法也差不多。需要密封好放在阴凉通风处，这样可防止潮湿，应注意不要在日光下暴晒或靠近热的东西。

7.水果茶

水果茶放于阴凉干燥处，开启后放冰箱中冷藏，避免阳光直射。

8.咖啡

咖啡对储存环境比较敏感，一般需放在阴凉干燥处，开封的咖啡，需要放在密封不透明的罐子里，隔绝空气、水、阳光。如果会在短期内使用完，这样子就可以了；如果两周内使用不完就把罐子放在冰箱冷冻，不过解冻后就不能再次冷冻了。

9.糖纳豆罐头

罐头食品中糖纳豆的储存方法跟果糖相同，主要因为糖纳豆含糖量很高。开封没有用完的，最好是放在冰箱冷冻存放。

3.4.3　咖啡豆的储存

3.4.3.1　烘焙过的咖啡豆

烘焙过的咖啡豆，很容易被空气中的氧气氧化，使得所含的油脂劣化，芳香也挥发消失。温度、湿度、日光等会加速咖啡豆的变质，高温容易挥发掉咖啡的香气与咖啡豆内部的优良物质。所以需要尽可能将其放在密闭、低温、避光的地方。

开店指南

烘焙豆的新鲜度是咖啡的生命，所以选择放置新鲜咖啡豆的仓库要清洁，不能有旧豆残留，要保证日光不会直射，避免高温。

3.4.3.2　已开封的咖啡豆

如果是已开封的咖啡豆需要用密闭的罐子或者使用专用的密封条进行封存，然后将之放在阴凉干燥的地方保存即可。

3.4.3.3　未开封的咖啡豆

如果是未开封的咖啡豆，因为温度降低会减慢咖啡豆的氧化速度，适合保存于阴凉、通风良好的环境。

相关链接

咖啡豆保存注意事项

1.不要以咖啡粉形式保存

咖啡豆磨成粉之后，由于它跟空气的接触面大幅度增加，氧化非常快，咖啡的新鲜度迅速下降，咖啡原有的香醇风味就会渐渐消失。新鲜出炉的咖啡豆磨成粉，两三天之内风味就全变了。所以，不要将咖啡豆磨成粉来保存。

2.不要直接放冰箱保存，可密封放入

冰箱里的低温可以减缓咖啡的自然败坏，从这一角度来说是不错的储存场所。但是，冰箱里的空气冷而干燥，容易蒸发豆内的水分，使得香味流失；另外，冰箱里的杂味太多。所以，应该用抽真空保鲜盒来保存咖啡豆，隔离冰箱内其他杂食，同时防止水分流失。如果不用真空罐，还是不宜放冰箱。

同时，从低温到常温环境而自然形成的冷凝水也会使咖啡豆受潮，所以放入冰箱前，不要让咖啡豆受潮。一旦将咖啡豆拿出来化冻，就不要再次冷冻保存，因为咖啡豆在解冻过程中，凝结的水会加速咖啡豆口感的下降。

3.可使用直立式罐

新鲜咖啡豆所释放出的二氧化碳会存留在容器的底部，形成抗氧化层，借以保护咖啡豆。并且，容器最好能直立放置，以防止罐内或袋内的二氧化碳流失。由此可见，直立式、瘦高型且开口向上的容器较适合用来保存咖啡豆。

4.可使用独立的真空罐

这种真空罐都会附有一种机制，可以将罐内的空气抽光，形成真空状态。绝对的真空状态是指没有氧气与水汽，是储存咖啡豆的绝佳好条件。

咖啡对于异味的吸附能力十分强，尤其是精品咖啡。异味不仅仅指臭味、腐败味等。对于咖啡来说，茶味、奶味等也是异味，所以咖啡必须单独保存，不能与其他物品（包括不同品种的咖啡豆），放置在同一个密封罐内。

3.4.4　烘焙原料的储存

3.4.4.1　面粉

面粉在阴凉干燥的地方密封保存，其他谷物粉类的存储方法也相同。面粉在变质时会失去小麦特有的风味，还会使内含的蛋白质质量降低，会给面包和点心制作带来不好的影响。

（1）潮湿和高温是大敌。面粉对水分很敏感，如果保存的环境潮湿，它们会吸附空气中不好的味道或变质。因此应避免阳光直射，选择阴凉干燥的地方存放，避免在湿度高的水槽下方存放。

（2）不要储存在具有强烈气味的材料附近。因为面粉容易吸附气味，容易引起串味，影响面粉品质和风味。

（3）避免害虫和老鼠的侵害。面粉应存放在密封的容器中，以保护面粉免受害虫和老鼠的侵害。此外，面粉本身也容易生虫，特别是全麦粉、裸麦粉及有机面粉等，但是在低温（10℃或更低）下这些可能存在的虫卵不能活动，因此应尽量在低温下储存。

3.4.4.2　糖

糖应放在阴凉干燥的地方密封保存。糖在变质时会变硬，难以使用，从而降低可操作性。因此对于易受潮的糖的储存要尤其小心。

（1）当湿度变化较大时，糖会结块变硬。糖具有良好的吸湿性，表面膜通过周围环境中的湿度吸收和释放水分。因此，糖应存放在阴凉干燥的地方，最好放入密封的容器中进行储存。

（2）不要储存在具有强烈气味的材料附近，因为糖也很容易吸附气味。

3.4.4.3　泡打粉

泡打粉应放在阴凉干燥的地方密封保存。如果保存不当，泡打粉会因劣化使膨胀力下降，导致产品制作失败。

（1）不耐湿气的泡打粉只要与空气中的水分稍微接触，化学反应就会开始。为了隔离水分，密封保存是必不可少的。

（2）泡打粉虽然在冷冻库中保管也不会冻结，但也不能冷冻保存。因为在解冻的时候，器皿上的冰和霜融化成水会形成湿气。出于同样的原因，也不建议冷藏。

3.4.4.4　酵母

鲜酵母冷藏密封保存，干酵母置于阴凉干燥的地方保存。即发干酵母同干酵母的保存方法一样。

（1）鲜酵母因为含水量高，对温度、水和空气非常敏感。开封后，将剩余的鲜酵母转移到密封容器中，以免干燥，并冷藏保存。鲜酵母在4℃以下活性会减缓，但是不推荐冷冻。当冷冻时，冻结会破坏细胞，导致许多酵母菌死亡。

开店指南

> 酵母开封后，尽量在两周左右用完，超过两周，酵母会变质恶化。同时特别注意，保存时不要将酵母外层的包装纸丢弃。

（2）干酵母不要接触空气，应储存在低温和湿度较低的地方。密封保存进行防潮处理后，在冰箱中冷藏存储也没有问题。

3.4.4.5　黄油

一般黄油在冰箱里冷藏密封保存，长期保存要在冰柜中密封冷冻。如果储存方法不正确，它们就会发霉或变质。

（1）短期储存可在冰箱中冷藏，长期储存应在-15℃以下。冷冻前，可以先切成合适的大小（根据方便使用的数量分切），再用保鲜膜包好，防止氧化避免干燥，然后冷冻；也可以用带拉链锁的袋子密封，这样风味也不会消失。解冻时，只需转入冰箱冷藏即可自然解冻。解冻后的黄油建议尽快用完，不建议再次冷冻保存，因为再次冷冻的黄油质量会显著降低。

（2）不要暴露在空气中。空气中的氧气会导致黄油变质，因此需要密封储存，以免接触空气。

（3）不要储存在具有强烈气味的材料附近。由于黄油很容易吸附气味，因此应存放在密封的容器中，以免在冰箱中被串味，丧失它本身的香味。

（4）注意黄油刀和冰箱的清洁。使用不干净的黄油刀或黄油铲会导致黄油沾上霉菌而发霉。此外，如果冰箱中的其他食物有霉菌，可能导致存放的黄油滋生霉菌，因此应保持冰箱的清洁。

3.4.4.6　奶酪

奶酪密封储存在冰箱中，当储存条件差时，奶酪的味道会变差或发霉。

（1）冷藏是基础。冷藏是奶酪保存的基本方法。温度5～10℃，湿度80%～85%是奶酪保存的最佳环境。建议在湿度较高的生鲜室中保存。冷冻保存时，解冻后奶酪质量会下降，导致味道变差。特别是奶油奶酪和马斯卡彭奶酪，含有大量的水分，当冷冻时，质量和味道会发生变化。制作面包用的高熔点奶酪可以冷冻保存。

（2）注意不要过于干燥。为了使奶酪不干，可用消毒过的包装包好，并储存在密封的容器中，或者用保鲜膜包好。

（3）水分是发霉的原因之一。奶酪容易发霉，水分是引起霉变的因素之一。所以切奶酪时，避免使用湿刀或未消毒的切割板。使用的工具和接触到的器具要消毒并保持干净，同时避免有水分存在。此外，如果奶酪接触到水分，要用干燥的清洁布擦拭，然后用消毒过的包装包裹好后冷藏。应定期检查，如果奶酪出水，同样用干燥的清洁布擦拭水分，然后换新的保鲜膜打包包好。

（4）不要储存在具有强烈气味的材料附近。奶酪容易吸附气味，所以不要靠近气味强烈的物品。尽量保存在密封的容器中，以防止串味。

3.4.4.7　香草

（1）香草荚。香草荚应存放在阴凉干燥的地方，防止潮湿。为了防止变质，尽量存放在密封的容器中。储存在冰箱中时，表面可能会产生斑点和晶体，但这是由香草自身的成分引起的，属于正常现象。长期存储的话，也可以冷冻，应保持密封状态。

（2）香草酱。香草酱应存放在阴凉干燥的地方。当储存在冰箱中时，干燥可能会使其变质或变硬，无法使用。在夏季，温度变化很大，应存放在温度低的地方，如果保存在冰箱的生鲜室或冰箱门，务必拧紧盖子。

（3）香草精。香草精对温差很敏感，应将其存放在冰箱中，以保持恒定的温度，如冰箱的生鲜室或冰箱门。此外，在冰箱储存还可以抑制细菌的繁殖。

3.4.4.8　巧克力

巧克力应在阴凉干燥的地方密封保存，如果巧克力保存不当，味道会明显变差。

（1）除夏季外，室温保存。储存巧克力时的适当温度为15～22℃。对温差不是很敏感的巧克力通常建议在室温下储存，可存放在低湿度和低温度的环境中。如果是西点用的巧克力插件，建议恒温保存在17℃左右的恒温柜里。在夏季，当温度上升时，应储存在生鲜室温度比较低的地方或者恒温柜，且保持干燥。

（2）密封存储可防止氧化。含有大量可可脂的巧克力，容易受湿度变化影响，接触空气易氧化，因此应存放在密封容器或真空包装中。

3.4.4.9　抹茶粉

抹茶粉，建议密封保存在冰箱中，如果保存条件差，可能会褪色和变质。其他类似的如红茶粉之类可参考抹茶粉的保存方法。

（1）避免潮湿和高温。抹茶粉对高温、潮湿和光线很敏感，这些可能会损害其味道或使其褪色。即使是未开封的，也需要特别注意避免高温，避免阳光直射，并存放在冰箱中。因为对光敏感，应避免使用透明容器，如透光的便当盒和带扣的透明玻璃储存器，要用可以遮光的容器。或者可以用密封夹子密封开过封的抹茶包装袋。

开店指南

> 售卖时装抹茶的包装袋和罐子一般是遮光的，这些包装可以保留使用。

（2）不要储存在具有强烈气味的材料附近。抹茶粉容易吸附气味，本身也是气味浓烈的物料，不仅要远离其他气味浓烈的物料防止串味，也要防止其他物料被它的气味影响，应保持密封状态。

3.4.4.10　可可粉

可可粉适宜在阴凉干燥的地方密封保存，其对温度变化相对没那么敏感。

（1）避免潮湿和高温的环境。可可粉对温度变化不敏感，但容易受潮，所以不建议在冰箱里储存。应避免阳光直射，选择阴凉干燥的地方进行密封保存。

（2）不要储存在具有强烈气味的材料附近。可可粉容易吸附气味，所以不要靠近气味强烈的物料。

（3）避免害虫的侵害。应将可可粉用密封的容器存放，以保护可可粉免遭害虫的侵害。由于小昆虫可能会从小缝隙中进入，因此建议密封保存。

3.4.4.11　坚果

坚果应在阴凉干燥的地方密封保存，如果坚果的储存方法不正确，坚果会出现哈喇味，味道也会变差。

（1）避免接触水分和氧气。由于坚果对湿度很敏感，因此不适合储存在室温条件下并暴露在空气中。此外，它也会被空气中的氧气氧化，出现哈喇味。为了避免这些，建议使用拉链锁或真空包装，并密封保存，最好抽真空后密封保存。

（2）注意避免高温和阳光直射。坚果的推荐储存温度为10～14℃。最好在阴凉干燥的地方保存，以避免阳光直射。在夏季，当温度升高时，存放在温度较低的地方，如冰箱的生鲜室或冰箱门上。

（3）可以冷冻保存。冷冻保存口感可能会稍有下降，但冷冻保存是可以的，像通常一样正确密封和冷冻即可。

3.4.4.12　干果

干果适宜在冰箱中密封保存，如果保存方式错误，会滋生霉菌，质地也会改变。

（1）存放在冰箱里。根据干果的不同，可以在室温下储存，但储存在冰箱中是安全的，应避免放在潮湿的生鲜室。

（2）密封存储可防止氧化。氧化是从接触空气的那一刻开始的，因此干果也应存放在密封容器或真空包装中。

（3）不推荐冷冻保存。当干果冷冻时，水果的纤维在解冻时会断裂，因此不建议冷冻保存。因为如果纤维断裂，原有的风味和质地就会受损。

3.4.4.13　吉利丁

吉利丁又称明胶，有吉利丁粉和吉利丁片。建议在阴凉干燥的地方密封保存，如果保存方式不正确，可能会变质而不可用。

（1）保存在阴凉干燥的地方。吉利丁粉/吉利丁片不耐高温和潮湿，需要储存在阴凉干燥的地方。此外，当紫外线照射时它会变质为不溶性，因此阳光直射是严格禁止的。

（2）不要在新的橱柜中保存。新的橱柜可能含有甲醛，当吉利丁粉/吉利丁片接触到甲醛气体时，它会变成不溶性。

开店 指南

选择保存原材料的容器也很重要，应尽量选择密封和防潮效果好的容器，根据不同材料，选择透光或不透光的容器，保证最佳的存放环境，才能让原材料不受损失，同时让烘焙出的食物拥有最佳的口感。

第 **4** 章

成品制作管理

导言

消费者在购买奶茶/咖啡/甜品的时候有时会遇到这样的问题：明明是同一款产品，口味却有差异。这主要是因为产品制作技术不同。每一位投资开店的人都希望门店盈利，取得丰厚的收益。但要有过硬的技术，才能制作出好的产品。

4.1 奶茶制作管理

4.1.1 奶茶的分类

世界上很多地区都有自己的奶茶，但对世界影响最大的主要是英式和欧陆这两大风味类型，在世界各地都能找到它们的踪影。那么奶茶有哪些种类呢？

4.1.1.1 按区域风情分类

按区域风情分类，可将奶茶分为国内的台式奶茶、港式奶茶，国外的美式奶茶、日式奶茶、韩式奶茶、马来西亚奶茶、土耳其奶茶、阿拉伯奶茶、意式奶茶、西班牙奶茶、荷兰奶茶、巴西奶茶等。

4.1.1.2 按辅料拼配制作分类

以辅料拼配制作来分类，可将奶茶分为原味黑珍珠奶茶、彩色（果味）珍珠奶茶、包心珍珠奶茶、椰果奶茶、西米奶茶、蜂蜜奶茶、杏仁奶茶、香芋奶茶、烧仙草奶茶、胚芽奶茶、薄荷奶茶、炭烧奶茶、鸳鸯奶茶、巧克力奶茶、玫瑰花蜜奶茶、姜母奶茶、人参奶茶、酥油奶茶、香辛料奶茶等。

4.1.1.3 按制作所用茶品分类

以制作所用的茶品来分类，可将奶茶分为咖啡红茶奶茶、阿萨姆红茶奶茶、锡兰红茶奶茶、麦香红茶奶茶、乌龙茶奶茶、茉莉绿茶奶茶、花草奶茶（香草奶茶、薰衣草奶茶、桂花奶茶、红花奶茶）等。

4.1.1.4 按奶茶甜度分类

依据顾客的喜糖程度，可将奶茶分为无糖、3分糖（微糖）、5分糖（半糖）、8分糖、全糖五种甜度。

4.1.1.5 按奶茶温度分类

依据顾客对奶茶温度的要求，可将奶茶分为多冰、正常冰、8分冰、少冰、去冰、恒温及热的七种温度的做法。

4.1.2 港式奶茶

港式奶茶（图4-1）发展并流行于香港，茶味偏苦涩，口感爽滑且香味浓厚，制作一杯真正的港式奶茶是很复杂的，要经过撞茶的工序以保证奶茶中保留茶叶浓厚的香气。

图4-1 港式奶茶

4.1.2.1 港式奶茶的由来

早在中世纪时期，英国流行起了一股喝茶风，在一次和西班牙的政治联姻中就陪嫁了一批红茶，到了西班牙后，由于西班牙皇室的鲜奶储备较多，又出现了在茶里加奶的喝法。这种喝法传回了英国，其后在英国的皇室内风靡了起来。

后来，此种"英式奶茶"传入中国香港，香港人有喝下午茶的习惯，但是却不习惯"英式奶茶"过于清淡的味道。于是，部分善于洞察商机的茶餐厅老板率先对"英式奶茶"进行改造，加重其茶味，在其基础上不断研发更适合香港人口味的奶茶，最终形成了偏重茶味、口感爽滑醇厚的"港式奶茶"。

4.1.2.2 港式奶茶的特点

完美的港式奶茶，茶味浓、奶味也浓，且奶味不能掩盖其茶味，茶和奶要完美融合、入口幼滑、延绵细密，有奶油的口感。奶茶的厚度主要由淡奶及茶汤的浓淡决定，淡奶所含的奶脂一定要够多，奶茶才能在表面凝结一层奶啡色的奶衣，成为挂杯奶茶。而挂杯只算合格了一半，奶味绝对不能掩盖茶味，而且入口不能涩，这样才算一杯完美的挂杯港式奶茶。

好的港式奶茶拥有自己独特的标签，一下子就能被认出来，冲得香，撞得滑，茶"瘦"奶"肥"，茶味和奶味都清晰可分，但两种味道又配合得天衣无缝，一口喝下去，能让心浮气躁的人马上宁心静气。

4.1.3 港式奶茶的制作

港式奶茶在制作方法上较台式奶茶更为复杂、缜密，通常需要拉茶，且必须选用液态奶（目前市场上多用三花淡奶）。在茶叶的选择上，一般偏向于使用斯里兰卡出产的锡兰红茶，且多采用幼茶，成品的港式奶茶里还可添加柠檬片等辅料。

4.1.3.1 所需原料

港式奶茶的原料很简单，即配好的茶和淡奶。

（1）茶。港式奶茶多是用锡兰红茶做的。正宗的港式奶茶不会只用单一的茶叶，奶茶师傅需要根据自己的感觉进行搭配，并没有一定的标准和喜好。

资深的奶茶师傅的拼茶配方是无价之宝。不同的师傅拼配出来的茶的口味都不一样，每位师傅都有自己的粉丝，大家都是冲着茶的口味去选择的，一旦认定一种口味，就会一直去这家喝。茶叶分为图4-2所示的幼茶、中粗茶和粗茶，师傅会根据不同的茶叶配出"色香味"俱全的奶茶。

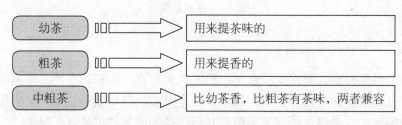

图4-2　茶叶的分类

（2）淡奶。淡奶的主要作用是增加滑度，不同品牌的口感和滑度都不一样，并没有特别的品牌要求。

4.1.3.2 所需设备

在制作港式奶茶的过程中需要以下几种设备。

（1）"丝袜网"，其实就是一个过滤袋，用很细的白棉布缝制的茶袋，大小跟拉茶用的不锈钢茶壶匹配。因为一家茶餐厅冲茶用的茶袋是长期使用的，不会经常更换，时间久了，经过红茶的不断浸泡，白布变成茶褐色，有点像过去用的厚丝袜，才得此称呼。如图4-3所示。

（2）冲茶壶，最好是不锈钢或铝制的茶壶，因为其他材质的壶没有像它一样的加热功能。

（3）电炉，最好是专用电炉。因为普通的电磁炉并不能稳定持久地保持温度，且升温速度太慢，也不能达到港式奶茶的需要。

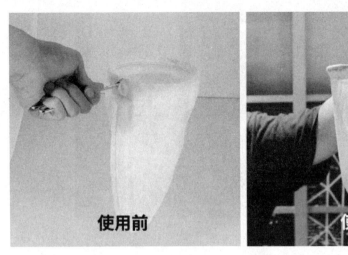

使用前　　　　使用后

图4-3　"丝袜网"的由来

4.1.3.3　制作过程

做一杯港式奶茶需要经历拼茶、捞茶、煮茶、拉茶、焗茶、撞奶这六个步骤，如图4-4所示。

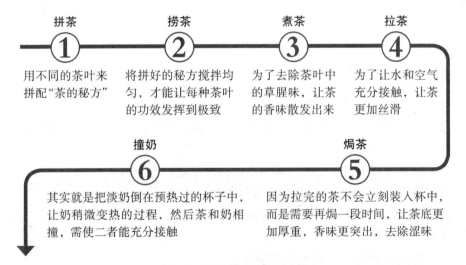

拼茶　　　①　用不同的茶叶来拼配"茶的秘方"

捞茶　　　②　将拼好的秘方搅拌均匀，才能让每种茶叶的功效发挥到极致

煮茶　　　③　为了去除茶叶中的草腥味，让茶的香味散发出来

拉茶　　　④　为了让水和空气充分接触，让茶更加丝滑

撞奶　　　⑥　其实就是把淡奶倒在预热过的杯子中，让奶稍微变热的过程，然后茶和奶相撞，需使二者能充分接触

焗茶　　　⑤　因为拉完的茶不会立刻装入杯中，而是需要再焗一段时间，让茶底更加厚重，香味更突出，去除涩味

图4-4　港式奶茶的制作过程

其中，在拉茶的过程中，布袋的高度和壶举起来的高度都是有讲究的。布袋不能没入底下的容器中，这样茶香才会散出来，而不是被闷在壶里。而壶举起来的高度决定了水冲下来的流量和时间，不能太高，也不能贴在布袋上。要让水和空气充分接触，才能让茶更加丝滑。如图4-5所示。

图4-5　拉茶

另外，拉茶的次数控制在6 ～ 7次左右，这样的茶才会更加香浓，不会太苦太涩。撞奶一般奶和茶的比例是2∶8或者3∶7。

💡 **开店**指南

　　拉茶是为了降低茶汤中的涩味、杂味，同时让茶和奶更加充分地融合，此道程序可以说是制作港式奶茶必不可缺的一步。

4.1.3.4　制作步骤

（1）将一个冲茶壶装3000毫升水，烧开；

（2）取120克锡兰红茶放入茶袋里，茶袋放入空的冲茶壶中，将沸水通过茶袋冲入空壶；

（3）将茶袋移入另一个壶，用前次冲的茶汤通过茶袋冲入；

（4）按照以上"（2）（3）"步骤重复六次（拉茶）；

（5）把充好的茶壶盖上盖，小火焖5分钟（不要让茶烧开）；

（6）重复步骤"（3）"；

（7）小火焖20分钟（不要让茶烧开）；

（8）重复步骤"（3）"；

（9）取出茶袋并沥干茶水；

（10）淡奶倒入准备好的杯子中，不得超过杯容量的30%；

（11）将茶水"撞"入加好淡奶的杯中，茶与奶的比例一般为7∶3；

（12）根据个人口味加入适量白砂糖即可。

4.1.3.5 判断标准

一杯港式奶茶放在面前，我们该如何来判断它是否正宗呢？具体如图4-6所示。

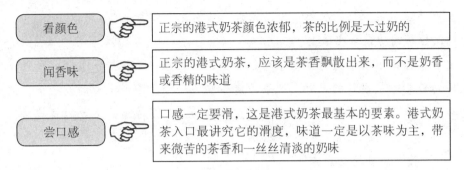

看颜色	正宗的港式奶茶颜色浓郁，茶的比例是大过奶的
闻香味	正宗的港式奶茶，应该是茶香飘散出来，而不是奶香或香精的味道
尝口感	口感一定要滑，这是港式奶茶最基本的要素。港式奶茶入口最讲究它的滑度，味道一定是以茶味为主，带来微苦的茶香和一丝丝清淡的奶味

图4-6 正宗港式奶茶的判断标准

 相关链接

关于港式奶茶的制作秘密

1.老布茶袋

冲茶用的茶袋，一般都是用白色棉布缝制的，过密不容易滤掉茶水，过疏茶水很快从茶叶中走掉，也会影响茶水的浓度和香度。

2.独门配方

因为奶茶是茶餐厅的招牌，家家都有自己的独门配方。做奶茶用的茶叶，不是用单一的红茶，是用不同的茶叶混合而成，用哪种品牌或是粗细的茶叶，比例如何，有些属于秘方，不外传的。

制作奶茶最多被使用的是印度和斯里兰卡的红茶，一般要用到四五种茶叶拼配，粗细不均，使其香味、色泽、口感等相互搭配。配方虽然是秘密，但也不是一成不变的，比如哪一年新下来的茶叶品质有变化，还是要重新试验，调整拼配的比例，使奶茶达到最理想的口感。

煮菜有大厨，调酒有调酒师，泡茶当然也会有酿茶师。每一家认真的茶餐厅都会有专门的师傅负责酿茶，有时候就是老板本人兼任。制作奶茶的茶底，是每天开店做生意前的必备功课，即便掌握了独门配方，还是要在手法上不断练习完善，这样才能成为一名优秀的酿茶师。按配方配好的茶叶，要用很热的开水来冲，"水滚茶才靓"。冲好的茶要在不锈钢茶壶里反复冲拉，只有这样不断地冲拉，才可令茶味均匀细致，让茶叶的香味完全释放到热水里，也让不同的茶叶通过拉茶互相匹配与调和，成为一壶色香味都达标的茶底。

3.拉茶的功夫全在手上

拉茶师傅用的工具通常是不锈钢茶壶，可以直接放在炉子上烧，也可以保存冲好的茶。从很高的位置，把茶冲进架在另一个冲茶壶上面的茶袋里，然后把茶袋取出沥干，再换到另一个壶里重复动作。反复冲泡，茶色越拉越深，究竟要重复多少次，取决于茶叶的配方。

4."撞"出香滑好滋味

评价一杯奶茶是否好喝，最重要的一个标志就是看它是否够香滑，这跟撞奶的手法有直接关系。冲得很成功的一壶茶底，先不加奶，放在不锈钢壶里保温，而且要在一个小时之内用掉。最后出品之前的点睛工序就是撞奶，要客人随点随做，还可以根据客人的喜好控制加奶的量。奶茶加奶的工序叫作撞奶，就是用一定的手法和力道，把红茶从较高处倒入装好淡奶的茶杯里，让热红茶和常温的淡奶形成冲撞，彼此充分融合。这样撞出来的奶茶才会更香滑。如果最后加奶的工序出了问题，奶和茶很可能就不能完美融合，喝起来茶是茶，奶是奶，口感不好。

5.要么做冻奶茶，要么做热奶茶

热的奶茶和冰的奶茶都有固定的做法和配方，热的奶茶放冷了会更苦，直接加冰也会冲淡它的味道，所以要么做冻奶茶，要么做热奶茶。

冻奶茶并不是放凉了的热奶茶，因为要在奶茶滚热的时候大量加冰使其瞬间冷却，有时候需要用浓度更高的热奶茶来调配，还要加店里特调的糖浆而不是白砂糖，所以一般的茶餐厅里都要对冻奶茶加收一定费用。

6.热奶茶用白瓷杯装，冻奶茶用玻璃杯装

港式热奶茶的颜色比较深，一定要装在白色厚身的瓷杯子里喝才地道，这种杯子比一般的茶杯、咖啡杯都要厚，造型笨笨的很古朴。因为奶茶在最后加入的淡奶是凉的，本身已经把茶的热度降低了，如果再用普通的茶杯装，茶的热量很快就会散光，热奶茶凉了口味会打很多折扣。

港式冻奶茶加了冰块依旧还是很漂亮的亚麻色，不会有过度稀释的感觉，一般都是装在造型简单的玻璃杯里，比较厚的杯子或是双层玻璃比较能够保持

温度，不会被客人短时间用手握热。

7.可以搭配不同的点心

可以搭配热奶茶的点心很多，最常见的是各种厚片吐司面包，烤一烤，可涂上炼乳、黄油、糖浆、果酱之类调味。还有新鲜出炉的蛋挞，也是每家茶餐厅或是点心店的招牌。

跟冻奶茶最搭的点心就是著名的"菠萝油"，是用新鲜烫嘴的热菠萝面包，中间切半刀，夹一片厚的冻黄油，咬下去冷热层次分明，是超乎寻常的美味。

4.1.4　台式奶茶

台式奶茶（图4-7），以珍珠奶茶闻名。最早出现于中国台湾，是泡沫红茶的一种延伸，主要由茶、奶和珍珠粉圆组合而成，被奉为经典奶茶的一种。

图4-7　台式奶茶

4.1.4.1　台式奶茶的由来

关于台式奶茶的由来，其实经历了"奶茶"和"珍珠奶茶"两个阶段。

最初，台湾的茶叶并不盛行，反而是甜品比较盛行，于是当地人开始尝试在茶叶里加入各种甜品进行饮用。通过不断尝试，最终以加入各种人工合成的甜味剂和乳蛋白等物质（后逐渐演化成现在的植脂末）获得了大家的一致认可。

至于珍珠奶茶，据说是在二十世纪八十年代由当地的饮品铺发明，刚开始是在奶茶里加入颗粒较大、黏性较好的粉圆（通常会在粉圆中加入糖浆以增加其黏性和甜度）进行售卖，后来经过不断改进，逐渐形成了目前的珍珠奶茶。

4.1.4.2　台式奶茶的特点

奶味和茶味平衡，茶中有奶、奶中有茶，茶味不可压过奶味，奶味也不可压过茶味。具体的口感要求是：入口顺滑，奶茶至口腔中呈明显的扩散感和饱满感；入喉后，茶叶的香味和奶精的油脂味自然上返，令人回味。纯正的台式奶茶有图4-8所示的两个忌讳。

忌奶水分离，即奶茶入口后能感觉到明显的"水味"

纯正台式奶茶的忌讳

忌奶精有杂味、异味及不自然的香精味，另外茶味的过强或过涩均影响口感

图4-8　纯正台式奶茶的忌讳

　相关链接

台式奶茶与港式奶茶的区别

1.用料不同

台式奶茶选用当地高山红茶或者其他绿茶，搭配鲜奶。重点突出奶味，茶味略淡，辅以各种味道不同的果汁及珍珠、椰果等制品。台式奶茶饮品普遍偏甜，奶味重，多饮容易生腻，极少配合其他小食食用，单纯是作为饮品出售。

港式奶茶一般选择斯里兰卡的锡兰红茶，加淡奶和糖。通过传统的香港手工拉茶工艺，使茶味和奶味结合。以茶味为主，以奶味为辅。口感顺滑，并且茶香浓郁，不容易生腻。辅以港式小食，可以延伸出多种搭配，对于消费者来说，这种方式可能更具新鲜感。

2.味道不同

从味道特色来看，港式奶茶注重茶味，而台式奶茶注重奶味。

港式奶茶对于茶的煮制要求甚高，每次需经过泡、浸、煮、焖、拉茶等一系列工序。茶经过反复冲撞，能促使茶香散发，并且将茶里面的腥味撞走，最后保留住茶味的浓郁。完成拉茶后，在茶还保持鲜热的状态下，加入淡奶，一杯香滑的港式奶茶就诞生了。

台式奶茶属于比较俏皮的类型，因为它的主要消费者为年轻一族，尤其以女生为主，所以它的口味更偏向奶味，比较甜，有添加辅料增加口感，例如椰果、珍珠等。所用的奶主要为鲜奶和奶精等。

3.定位不同

这两类的饮品定位，也有极大的不同。台式奶茶品牌主打"流行路线"，从品牌形象到门店形象偏向时尚、多彩、阳光的风格。港式奶茶品牌主打"怀旧元素"，从品牌名称到门店内部装饰，尽量往香港二十世纪八九十年代的风格靠拢。

4.1.5　台式奶茶的制作

台式奶茶区别于港式奶茶，其制作方法相对简单，对工艺没有过高的要求。

4.1.5.1　制作原料

怎样做一杯好的台式奶茶呢？先抛开技术不谈，从原料层面上来说，通常的台式奶茶原料大致可以分为三合一奶茶粉（速溶奶茶粉）、茶包、茶叶（原茶）几种，如图4-9所示。

三合一奶茶粉

即冲即饮，其口感和颜色上的可操作空间不大，一般适用于偏低端市场，其特点是成本低、价位低、口感一般

茶包

一般是煮出茶汤再搭配植脂末和糖，其口感有一定的可操作空间，但通常原料中有香精的成分，一般适用于中低端市场，其特点是成本适中、入口香、整体口感一般

茶叶

一般采用沸水泡制，再取其茶汤添加植脂末和糖，其口感随茶叶的产地、档次、制作工艺和泡制手法的不同而不同，一般更适合中高端市场，其特点是成本适中、口感好、适口性强且可操作空间大

图4-9　台式奶茶的制作原料分类

4.1.5.2 制作方法

目前市场上通行的台式奶茶一般由茶汤、植脂末、果糖构成，而低端的则由速溶粉按比例冲饮而成。

茶叶选择上，一般选用印度产的阿萨姆红茶且以其粗茶为主。制作方法上建议按一定比例用沸水泡制（阿萨姆红茶不建议用煮的，味道太重），时间控制在6～8分钟，过滤后取其茶汤按比例加植脂末和果糖。果糖宜选用玉米果糖，其流动性高、透度好。成品的台式奶茶里可加入珍珠、椰果、布丁等辅料，但不适宜加入柠檬片等。

4.1.5.3 用原茶制作奶茶的步骤

台式奶茶，前面说过从原料上主要分三种：一是三合一奶茶粉，二是茶包，三是原茶。用原茶制作奶茶相对高端、健康，但步骤也较为复杂，随着消费者和大众媒体对健康的愈加重视，这将是以后奶茶市场的一大趋势。

使用原茶制作奶茶，一般分为图4-10所示的七步。

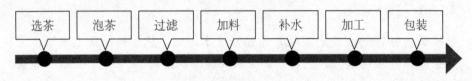

图4-10 原茶的制作步骤

（1）选茶。精选原产地上等红茶。正所谓"巧妇难为无米之炊"，没有好的原料，技术再厉害也没用。这里使用的主要是原产地的锡兰红茶和原产地的阿萨姆红茶。

（2）泡茶。原茶，不需要煮，沸水泡上几分钟即可，一般建议水温98℃，茶叶和水的标准比例是1：50。当然实际比例根据具体情况有所不同，一般范围在（1：35）～（1：70）。

（3）过滤。泡好茶后需要过滤取茶汤，由于茶叶比较细小，这里通常要求使用300目滤网进行过滤（目是密度单位，目数越高越精细），最低不能低于120目。

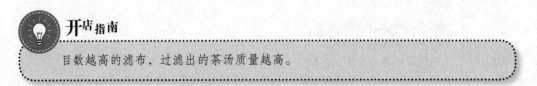

开店指南

目数越高的滤布，过滤出的茶汤质量越高。

（4）加料。添加植脂末和果糖。关于添加的比例，通常一杯450毫升左右的原味奶茶（一般500毫升杯量盛装原味奶茶的量约在420～480毫升）需要植脂末45～55克、果糖25～35克。

（5）补水。补水的作用主要有两个：一是稀释口感，二是控制温度。很多奶茶店由于茶汤是批量泡制的，几个小时后往往变凉了，这时候补水就显得至关重要了。

（6）加工。截止到上一步，一杯原味奶茶已经基本成型，这一步是在原味奶茶的基础之上进行再加工，制作出果味奶茶、抹香奶茶、椰果奶茶、珍珠奶茶、红豆奶茶、布丁奶茶等。

（7）包装。通过以上步骤，一杯台式奶茶就做好了，剩下一步就是包装。就包装来说，如果是外带产品的话，可使用纸杯，根据个人爱好选择封口或加盖；顾客在门店里饮用的话，建议选用高脚水晶杯或瓷杯。

4.2　咖啡制作管理

4.2.1　咖啡的分类

咖啡是世界三大流行饮料之一，生活中，不少人日常都饮用咖啡。不同的咖啡调制方法不同，口感也不一样。常见的咖啡分类如表4-1所示。

表4-1　咖啡分类

序号	品种	具体说明
1	意式浓缩咖啡 Espresso	原文是意大利语，有"立即为你煮"的意思，也称浓缩咖啡。浓缩咖啡是利用高压，让沸水在短短几秒里迅速通过咖啡粉，得到少量的咖啡，味苦而浓香
2	玛奇朵 Espresso Macchiato	原文为意大利语，代表"印记、烙印"的意思。玛奇朵是在浓咖啡上加上薄薄一层热奶泡以保持咖啡温度，细腻香甜的奶泡能缓和浓缩咖啡带来的苦涩冲击，想喝咖啡但又喜欢甜味的人就可以选择玛奇朵
3	美式咖啡 Americano	使用滴滤式咖啡壶、虹吸壶、法压壶之类的器具所制作出的黑咖啡，又或者是在意式浓缩咖啡中加入大量的水制成。口味比较淡，但因为萃取时间长，所以咖啡因含量高
4	白咖啡 Flat White	马来西亚特产，有100多年的历史。白咖啡并不是指咖啡的颜色是白色的，而是指采用特等咖啡豆及特级脱脂奶精原料，经特殊工艺加工后得到的咖啡，甘醇芳香不伤肠胃，保留了咖啡原有的色泽和香味，颜色比普通咖啡更清淡柔和，故得名白咖啡

序号	品种	具体说明
5	拿铁 Caffè Latte	拿铁咖啡做法极其简单，就是在刚刚做好的意式浓缩咖啡中倒入接近沸腾的牛奶。事实上，加入多少牛奶没有一定之规，可依个人口味自由调配
6	康宝蓝 Espresso Con Panna	意大利语中，Con是搅拌，Panna是生奶油，康宝蓝即意式浓缩咖啡加上鲜奶油。有一种说法是，正宗的康宝蓝要配巧克力或太妃糖，先将巧克力或太妃糖含在嘴里，再喝咖啡，让美味一起在口中绽放
7	布雷卫/半拿铁 Cafe Breve	很像拿铁，不同的是布雷卫/半拿铁加入的不是牛奶，而是牛奶和奶油的混合物，有时会再加少许奶泡
8	卡布奇诺 Cappuccino	传统的卡布奇诺咖啡是三分之一浓缩咖啡，三分之一蒸汽牛奶和三分之一泡沫牛奶。卡布奇诺分为干和湿两种。干卡布奇诺（Dry Cappuccino）奶泡较多，牛奶较少，喝起来咖啡味浓过奶香。湿卡布奇诺（Wet Cappuccino）则奶泡较少，牛奶量较多，奶香盖过咖啡味，适合口味清淡者
9	摩卡 Caffè Mocha	一种古老的咖啡，得名于著名的摩卡港。摩卡是由意式浓缩咖啡、巧克力糖浆、鲜奶油和牛奶混合而成的，是意式拿铁咖啡的变种
10	焦糖玛奇朵 Caramel Macchiato	即加了焦糖的玛奇朵，是在香浓热牛奶里加入浓缩咖啡、香草，最后淋上纯正焦糖而制成的饮品，特点是在一杯饮品里可以喝到三种不同的口味
11	爱尔兰咖啡 Irish Coffee	一种既像酒又像咖啡的咖啡，是由热咖啡、爱尔兰威士忌、奶油、糖混合搅拌而成
12	维也纳咖啡 Viennese Coffee	奥地利最著名的咖啡，在温热的咖啡杯底部撒上薄薄一层砂糖或细冰糖，接着向杯中倒入滚烫而且偏浓的黑咖啡，最后在咖啡表面装饰两勺冷的新鲜奶油，一杯维也纳咖啡就做好了

4.2.2　咖啡的冲泡方式

常见咖啡的冲泡方式有如下几种。

4.2.2.1　滴滤式

滴滤式咖啡冲泡法，起源于法国，操作简单。即把咖啡粉加于漏斗上的过滤纸中，加热水至咖啡粉湿透，热水全部流入壶中即可饮用。滴滤式冲泡方式简单、干净、好操作，只要有滤纸就能开始冲泡。而且冲泡的咖啡浓稠度较低，味道精致复杂。

4.2.2.2 手冲式

咖啡手冲壶采用一体式设计，形状优雅大方，操作起来更是呈现出一种高端的美感与精致感。手冲壶有不同的大小，最小规格的叫作"3杯份"。冲泡时，可以根据具体的场合，选择不同大小的手冲壶。

制作时，先温一下咖啡杯和冲泡器具，滤纸沿底边及侧面缝纫线对折，打开滤纸安在滤杯上，量好咖啡粉倒入滤纸中，并左右晃动滤杯让咖啡粉表面平整，用90℃左右的热水均匀缓慢地淋湿咖啡表面，焖蒸20～30秒，分2～3次从中心到四周，再从四周到中心画圆一样慢慢注入热水。用这种方法冲泡的咖啡味道干净，浓稠度较低。

4.2.2.3 压渗式

法压壶一直有一批坚定的拥护者，在众多咖啡器具中，几乎可算作萃取最方便的器具，所以也被当作"懒人们"的最爱。法压壶有各种大小，既可以做单杯，也可以供聚会使用。而且，它自成一体，冲泡时除了使用壶本身，完全不需要准备其他工具。

压渗式冲泡方法会直接呈现咖啡豆的本色，尽显咖啡豆的本质和烘焙程度，是最简便、最不需要技巧的冲泡方式，所谓"懒人咖啡"。

制作时，用壶顶附有压滤器的玻璃壶中倒入咖啡粉，加热水泡约4分钟，将压杆慢慢按下，隔去咖啡渣即可饮用。用这种方法冲泡的咖啡浓稠度明显高于滴滤咖啡，风味复杂多样，非常适合浓咖啡爱好者。

4.2.2.4 虹吸式

虹吸壶问世已经快200年了，它造型漂亮，结构复杂精巧，冲泡出来的咖啡清澈无沉淀，味道干净、丰富，但它的用法却不太容易掌握。

虹吸式冲泡方法是利用虹吸原理，使被加热的水由下面的烧杯经过虹吸管和滤布向上流升，然后与上面杯中的咖啡粉混合，焖煮出咖啡原味。具体来说，将咖啡粉倒入漏斗中，将漏斗嘴套进烧杯的壶口，加水煮沸，沸水向上流入漏斗中，边搅拌边泡，约4分钟后熄灭酒精灯，待咖啡下降回壶内，便可饮用了。

4.2.2.5 意大利式

意大利式冲泡方法指运用意大利式咖啡壶，以高压方式，让蒸汽快速通过咖啡粉，萃取出香浓咖啡。具体方法是将咖啡粉加入中间的咖啡格内，在下面的壶中加水，加热至下部壶中的水全部蒸发至上部的壶，倒出即可饮用。加热时，下壶中的水向上涌，通过壶中央的一根导管穿过咖啡粉，汇集于上壶，让蒸汽快速通过咖啡粉，从而萃取出的香浓咖啡。

 开店指南

> 技巧精湛的咖啡冲调师能用这种咖啡壶煮出风味浓郁、美妙无比、浓稠度接近意式浓缩的咖啡。

4.2.2.6　自动渗滤式

自动渗滤式冲泡方法指使用滴漏式咖啡机，用焖蒸的方式释放咖啡精华，这种方式也较为简单和便捷。

4.2.3　咖啡拉花的技巧

咖啡拉花追求美观，也同时讲究口感。它的原理是把奶泡倒进浓缩咖啡中，形成不同的图案。

4.2.3.1　拉花的手法

拉花手法主要分为以下两种。

（1）直接倒入法。咖啡师控制奶壶，透过不同的晃动幅度、速度及奶壶高度，把奶泡倒入咖啡中，徒手拉出不同的图案，讲求熟练技巧，如图4-11所示。

（2）雕花。咖啡师将奶泡慢慢倒进咖啡，拉出基本构图，利用花针或牙签雕画出各种图案，技术难度不大，但讲求创意，如图4-12所示。

图4-11　直接倒入法　　　　　　图4-12　用花针雕花

4.2.3.2 拉花所需的材料及器具

（1）咖啡豆、磨豆机、咖啡机。制作咖啡拉花，奶泡及浓缩咖啡是主角，因此必须使用磨豆机及咖啡机，把咖啡豆做成浓缩咖啡。

（2）全脂鲜奶。奶泡由牛奶打成，牛奶的脂肪与蛋白质含量及温度均会影响奶泡的形成。拉花最好使用全脂鲜牛奶，因其脂肪与蛋白质含量较高，能打出更多且更细滑绵密的奶泡。此外，牛奶温度宜为0～4℃，因为此温度的牛奶能加长打泡时混合时间，奶与泡混合得宜，拉花才会美观。

（3）意式咖啡机的蒸汽棒/奶泡壶/打奶棒。三种都是打奶泡的工具，手打奶泡壶及电动打奶棒较难掌握，初学宜选用单一气孔的蒸汽棒，因气孔少，蒸汽出得慢，较容易控制。奶泡壶则可根据制作分量自行选择大小，一般可选350毫升或600毫升的钢壶。

（4）拉花壶。用于盛奶泡以便拉花，大小方面可根据每部咖啡机的蒸汽压力和每次制作的分量，自行选择大小，一般可用300毫升、350毫升或600毫升的壶。拉花壶有不同形状，建议选购壶身形状为壶底阔并向上收窄的类型，忌选中间阔上下窄的形状，因不利于打奶泡。壶嘴形状方面，可选圆而阔的壶嘴，外弯为佳，较容易平稳地倒出奶泡。壶嘴沟槽则可选择能起汇集奶泡作用的长沟形，拉花的时候会比较易控制。

（5）咖啡杯。初学者建议选用矮身圆底大口径的咖啡杯练习，会较容易掌握，拉花时间相对较短，图案亦较容易拉出。

4.2.3.3 拉花的前期准备

咖啡拉花不仅着重手法，奶泡与咖啡也非常重要。掌握以下3步前期技巧，拉花图案更易成形。

（1）冲煮浓缩咖啡。因为奶泡放久了会消融，所以先准备好作为基底的浓缩咖啡，并盛接在所需要的杯子中，接着再打奶泡。

（2）打奶泡。把175～200毫升、冷藏至4℃的全脂牛奶取出，并倒入350毫升的奶壶中。空喷清洁咖啡机的蒸汽棒后，把喷嘴插入牛奶底下约1厘米，形成起泡角度，再开动蒸汽棒，此时牛奶开始旋转，并发出清脆的"吱吱"声，当奶泡开始形成，立即把奶壶轻轻下移，过程须保持喷嘴放在牛奶表面，确保牛奶旋转。当奶泡达到所需分量，略微把奶壶提高，让喷嘴插入牛奶深处，目的是把大气泡打成绵密的微细泡沫，同时把牛奶加热，当温度接近65℃时，关闭阀门。取出蒸汽棒，并空喷清洁。

开店指南

> 理想的奶泡如天鹅绒般厚滑、细腻，表面反光；若泡沫太大或未能与牛奶充分混合，均拉不出花。

（3）咖啡融合。把奶泡与浓缩咖啡按比例混合，利于拉花亦增强口感。

先把装有浓缩咖啡的杯子倾斜，徐徐把奶泡倒入咖啡中，落点定为中间深处，注入时奶泡流量不要过大，保持稳定持续，不要间断，建议初学者匀速左右移动奶壶。融合完成后，咖啡表面要干净，颜色一致，避免表面出现白色的奶泡。若有白色的奶泡，可向该处继续注入奶泡使其融合。

4.2.3.4 拉花的操作步骤

当奶泡与浓缩咖啡充分融合，表面会呈现浓稠状，通常此时咖啡杯已半满，就可正式拉花了。下面以心形拉花为例来介绍咖啡拉花的操作步骤。

（1）此时，手中有一杯浓缩咖啡及一壶奶泡。把杯口的1/3处定为拉花落点，把咖啡杯倾斜10～15度，将奶壶提到杯子上方约10厘米处，并开始小量倒入奶泡。

（2）稳定并小流量地倒入奶泡，至咖啡杯5分满。要保持奶泡流量稳定。

（3）当咖啡表面出现奶泡"白点"，降低奶壶至紧贴咖啡杯口，加大奶泡注入流量，手臂手腕配合，以"Z"字左右摇晃奶壶，晃动距离约1厘米。

（4）摇晃奶壶旨在增加心形的层次，随着奶壶持续晃动，奶泡面积会不断增大，注意保持奶泡流量。

图4-13　心形拉花

（5）当杯中奶泡增多，注入时慢慢把杯子放平，当咖啡杯至8分满时，完全放平咖啡杯，准备提高拉花壶，同时减少奶泡注入量。

（6）至将9分满时，慢慢提起拉花壶并收细注入流量，此时注入点是心形的中心点。收线位置则决定了心形的左右匀称度。

（7）奶泡以小流量从中心线收至杯尾。

（8）收线结束，一杯心形拉花咖啡完成，如图4-13所示。

完美的拉花，除图案要清晰外，咖啡也要高出杯口约 0.5 厘米，做到满而不溢，而奶泡厚度则控制在 1 ～ 1.5 厘米之间，口感与外观俱皆。

4.3　甜品制作管理

4.3.1　常见甜品店的品类

甜品，能给人们带来愉悦感，使人心情放松。谈到"甜品"，我们常常可以想到甜蜜、幸福和开心。有研究表明，人类对甜品的需求是与生俱来的。甜品的做法多样，种类丰富。

目前，甜品店常见的品类主要有图4-14所示的几种。

图4-14　常见的甜品店品类

4.3.1.1　港式甜品

港式甜品是中西结合的产物，经过多次演变而成。港式甜品讲究用新鲜水果、牛奶和各种优质食材做成卖相和口味皆佳的甜品，健康美味，其最大的特色便是对水果滋味的把握。其中，像榴莲、芒果等本身味道就十分吸引人的水果，能够被大胆、创新地运用到港式甜品中。

比如杨枝甘露，其采用了新鲜芒果、红柚子、西米、椰浆等食材，吃起来新鲜爽口。

港式甜品店的典型代表有满记甜品、许留山、糖纸等。港式甜品是最典型的甜品品类之一，材料主要有芒果、牛奶、西米、糯米等。产品线主要包括西米露系列（如杨枝甘露、芒果西米露），白雪汁系列（如芒果白雪黑糯米），小丸子系列（如多芒小丸子、杂果小丸子）。

4.3.1.2 台式甜品

台式甜品秉承台湾传统甜品的特点并添加自己的创新，台式甜品最大的特点是具有充满浓浓温情的复古风格，所用材料如仙草、芋圆、豆花等。这些在街边店铺司空见惯的小食材，说不上有多么特殊，却是当地经久不衰的经典味道，所以会让人有一种"返璞归真"的感觉。

台式甜品店的典型代表有鲜芋仙、芋见等。材料主要有芋圆、仙草、红豆、绿豆、珍珠等。产品线主要包括芋圆系列（比如芋圆1号、芋圆2号）、仙草系列（比如仙草1号、仙草2号）。

台式甜品店的技术门槛比较低，大部分产品的区别在于配料的不同。

比如，芋圆1号是"芋圆+绿豆+莲子+珍珠"，仙草1号是"仙草+绿豆+莲子+珍珠"，两者之间主要差一款配料。

4.3.1.3 榴莲甜品

榴莲拥有"水果之王"的美誉，有着非常高的营养价值。榴莲的果肉中，富含糖分、蛋白质、淀粉、脂肪、维生素、钙、钾等营养物质，对身体十分有益。至于它的味道却是褒贬不一，喜欢的赞其香甜，讨厌的怨其太臭。

榴莲甜品店的典型代表有猫山王、糖品、苏格先生甜品。材料主要是榴莲。产品线都是围绕榴莲，包括榴莲果肉系列（比如猫山王、苏丹王、红肉、青尼），榴莲制成品系列（比如榴莲千层、榴莲比萨、榴莲岛），如图4-15所示。

图4-15　××榴莲甜品店的菜单

4.3.1.4 广式糖水

在广东，大街小巷遍布各类糖水店。广东人一年四季爱喝糖水，秋冬喝热糖水滋补暖身，炎热酷暑喝冷冻后的糖水消暑解渴。在传统的粤式宴会上，饭前定必喝上一碗老火靓汤，饭后又会喝上一口清润糖水。博大精深的糖水文化在当地发展了数百年，广东人通过对外来文化的吸收，对食材大胆灵活的运用，创造出花样繁多的糖水品种——从家常的生姜番薯糖水、臭草陈皮绿豆沙，到精致的银杏芋泥、木瓜炖雪蛤，再到新潮的杨枝甘露、奇异果西米露……或清甜，或香浓，或爽脆，或嫩滑，看上去颜色艳丽，吃起来滋味诱人，令人回味无穷。

广东糖水甜品的种类十分多样，豆类的有红豆沙、绿豆沙；糊类的有芝麻糊、杏仁糊、花生糊、核桃糊；药材类的有百合糖水、莲子糖水；牛奶类的有窝蛋奶、姜撞奶、双皮奶。另外，诸如木瓜炖雪蛤（图4-16）、银耳炖木瓜、芝麻汤圆这样的甜食，也是糖水店里的常备之物。

广式糖水店的典型代表有五条人、赵记传承等。主要材料有牛奶、芋圆、西米、凉粉等。主要产品线包括双皮奶系列、水牛奶系列、姜撞奶系列、桃胶系列、龟苓膏系列等。

图4-16 木瓜炖雪蛤

4.3.1.5 抹茶甜品

甜品多种多样，口味也是十分丰富，其中抹茶甜品总是最受青睐。先不说抹茶所含的营养，就是它除了有甜甜的味道，还有一种淡淡的苦味夹杂着茶的清香味，而且抹茶的颜色让人看起来也有一种心情舒畅的感觉。

抹茶甜品店的典型代表有无邪、宇治茶铺。主要材料是抹茶、冰激凌。主要产品包括抹茶千层、抹茶冰激凌、抹茶布丁、抹茶果冻等。

4.3.1.6 西式甜品

西式甜品是西方餐饮的重要组成，种类繁多，法国、意大利甜品尤为突出。由于西式甜品的味道格外诱人，近年来销量逐年上升。西式甜品主要分为以下几类。

（1）派。派可以称得上是典型的西式甜品，制作方便，所需原料的价格低廉，因此，是美国非常常见的甜点。在西方，许多国家把派当作主食来食用，因为它做法简单，营养价值相对较高，是一种既方便又美味的食品。

（2）挞。挞并不是只有蛋挞这一种，它一般是在加入杏仁粉的派上又加入各种材料，再经过烘烤而成，如水果挞、咖啡挞等。其中，水果挞挞底松软、奶油香甜可口，水果清新爽口，口味十分丰富。

（3）酥饼。酥饼类似饼干，是用面粉、油脂、糖、鸡蛋等食材，经过烘烤制成的小点心，口感甜而不腻。有的酥饼制作起来较难掌控，如蛋奶酥，由于其表面比较容易塌陷，必须现做现烤，因此，只有在一些高级餐厅才能见到。

（4）果冻。果冻是西式甜品的又一代表作，呈半固体状，外观晶莹，口感弹滑。果冻的口感独特，味道丰富，深受各年龄阶层的人喜爱。

西式甜品还有很多种，如泡芙、冰淇淋、提拉米苏蛋糕（图4-17）等。

图4-17 提拉米苏蛋糕

 **相关链接**

常见甜品的制作方法

1.榴莲布丁

用料：牛奶130毫升，淡奶油80毫升，白砂糖30克，榴莲240克，吉利丁片5克。

做法：

（1）开榴莲，取果肉。

（2）吉利丁片提前放进冰水中泡软。

（3）牛奶、淡奶油、白砂糖倒入小锅，小火加热，不断搅拌，白砂糖完全溶解后关火。

（4）捞出泡软的吉利丁片，放进小锅里的牛奶液里，充分搅拌至吉利丁片完全溶化。

（5）把榴莲果肉切成小块，放进搅拌机。

（6）继续搅拌牛奶液，直至温热状态。

（7）把牛奶液倒入搅拌机，搅拌均匀顺滑。

（8）倒入小杯中盖上保鲜膜，放入冰箱冷藏至凝固即可。

2.杨枝甘露

用料：芒果500克，椰浆200毫升，西米100克，淡奶100毫升，西柚1/4个，白砂糖20克。

做法：

（1）准备好所有原料。

（2）芒果切丁，其中1/3果肉装饰用，2/3果肉做果浆。

（3）将2/3芒果的果肉混合椰浆、淡奶、白砂糖，放入搅拌机搅拌成芒果椰汁浆，放入冰箱冷藏备用。

（4）锅中煮水，水沸后放入西米煮1分钟，盖上盖子焖20分钟。

（5）西柚剥出果肉粒，放入冰箱冷藏备用。

（6）焖好的西米取出过凉水，此时西米中间还有小白点。

（7）另煮一锅水，水沸后，放入过凉的西米，继续煮至西米几乎完全透明，盛出过凉即可。

（8）取出芒果椰汁浆，和西米混合在一起。

（9）搅拌均匀，装入杯中，加芒果丁、西柚果粒装饰即可。

3.红豆羊羹

用料：红豆沙250克，琼脂10克，糖50克，水500毫升，玉米淀粉10克。

做法：

（1）将10克琼脂放入凉水中浸泡几分钟，以去除多余杂质。

（2）锅中倒入500毫升水，泡软的琼脂捞出放入锅中烧开并搅拌至溶化。

（3）保持小火，倒入红豆沙和糖，一起搅拌至溶化；倒入由玉米淀粉调制的水淀粉，再次搅匀烧开。

（4）略凉后，将做好的羊羹倒入模具中（模具用植物油擦一遍薄油，以便脱模）；冷却后放冰箱冷藏保存，凝固后即可脱模，需要尽快吃完。

4.榴莲奶酪蛋糕

用料：6寸蛋糕底一个，细砂糖10克，低筋面粉12克，榴莲肉90克，奶油奶酪200克，鸡蛋2个（1个全蛋，另一个分为蛋黄、蛋白）。

做法：

（1）6寸蛋糕模外面包上锡纸，蛋糕模内壁涂抹一层黄油，将烤好的蛋糕铺在底部。

（2）将全蛋、蛋黄、细砂糖、新鲜榴莲肉放入料理机，搅打成泥状。

（3）奶油奶酪放于室温软化后，用打蛋器高速打至顺滑无颗粒。

（4）将榴莲泥分三次加入奶油奶酪里，拌匀；加入过筛的低筋面粉。

（5）蛋白打至鱼眼状。分三次加入细砂糖，打至可以拉出弯钩的湿性发泡状态。

（6）将打好的蛋白拌入榴莲奶酪面糊里，轻快翻拌，不能画圈搅拌。

（7）将面糊倒入铺好蛋糕底的模具里，震几下。

（8）在烤盘里倒入开水，将蛋糕模放入烤盘。将烤盘放入预热好上下层150℃的烤箱，放中下层烤1小时。出炉后冷却，连同模具一起放冰箱冷藏4小时以上，脱模。

5.椰芒西米露

用料：西米100克，椰奶250克，芒果1个，糖适量，薄荷叶适量。

做法：

（1）将西米放入冷水中浸泡10分钟，由于西米十分易碎，所以不要搅拌。

（2）西米浸泡完成后沥干水分，倒入沸水中，煮到西米半透明，把西米和热水隔开。

（3）再煮一锅沸水，将煮到半透明的西米倒入沸水中煮，直到全透明，捞出西米。

（4）椰奶加适量的糖加热到糖溶化，将西米倒进椰奶中煮至开锅。

（5）将煮好的西米椰奶晾凉，芒果去皮去核切成小丁，放入杯子最上层，再用薄荷装饰一下即可。

6.抹茶冻奶酪

用料：淡奶油250克，奶酪290克，吉利丁10克，抹茶粉10克，白砂糖80克，牛奶100克，酸奶180克。

做法：

（1）抹茶粉加入牛奶中拌匀，一定要耐心搅拌均匀无颗粒状态。

（2）加入提前凉水泡软的吉利丁隔热水溶化。

（3）奶酪隔热水软化，搅拌均匀至无颗粒状态，加入酸奶和白砂糖继续隔热水搅拌均匀。

（4）将拌好的抹茶牛奶液倒入奶酪糊中，拌匀。

（5）淡奶油打发至六七成，倒入抹茶奶酪糊中拌匀。

（6）活底模具底部包锡纸，将奶酪蛋糕糊倒入模子中冷冻4小时以上。

（7）模具外部边缘用吹风机吹一下或热毛巾捂一下，脱模。表面用打发的淡奶油简单装饰，冷藏软化后切块食用。

4.3.2　甜品装饰技巧

颜值与美味并存的甜品更能吸引和留住消费者，因此，掌握甜品装饰技巧很重要。甜点师一般采用点、线、面、体来装饰甜点，具体如图4-18所示。

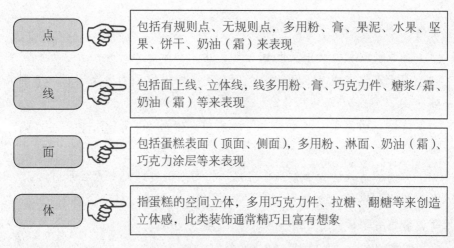

图4-18　甜点装饰技巧

甜品装饰中常用点、线、面、体的表现手法有如下几种。

4.3.2.1　撒粉装饰

粉类能增加色彩上的梦幻、动感的美。白色糖粉属于百搭款，在颜色鲜艳的甜品表面稍稍撒上糖粉，可以中和过于艳丽的色彩；绿色的抹茶粉，清新怡人；可可粉可增加质感和厚重感。几种粉类也可以多种结合，比如在可可粉表面筛上糖粉，就使甜品在沉稳厚重中多了点可爱俏皮。

甜品撒粉装饰的工具有网筛、尺子、标志牌等，主要使用抹茶粉、可可粉、防潮糖粉等。粉类装饰技巧有图4-19所示的几种，相应的效果如图4-20～图4-22所示。

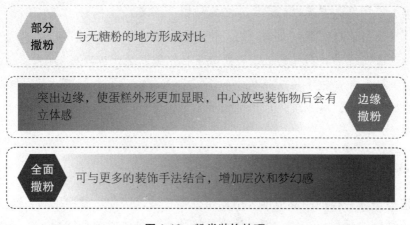

图4-19　粉类装饰技巧

图4-20　部分撒粉

图4-21　边缘撒粉

图4-22　全面撒粉

4.3.2.2　喷"砂"

这个喷的"砂"其实是一种液体，是巧克力和可可脂按1：1的比例混合溶解的液体，可加入可溶性色素来进行调色。

喷洒前，要让蛋糕急冻，使表面温度下降。当巧克力和可可脂混合物喷上去之后，会迅速凝结成细小的颗粒。不停喷洒至覆盖整个面后，呈现一层绒面的效果，层次感鲜明，整体效果比撒粉装饰更加梦幻。

喷"砂"也分单色喷"砂"、双色喷"砂"两种，效果如图4-23、图4-24所示。

图4-23　单色喷"砂"

图4-24　双色喷"砂"

4.3.2.3　淋面装饰

淋面有部分覆盖和完全覆盖两种。吉利丁和巧克力都是常用的镜面凝结材料，可根据需求，加入其他原料。镜面果胶是可以直接食用的原材料，若颜色不够鲜艳，可加入色素调制使用。

怎样寻找一个最适合的温度和状态，需要一定的技巧和经验：可用勺子背蘸取淋面酱，观察覆盖状态，如果覆盖效果能达到看不到勺子背面，并且不是很厚，则表示此时正是淋面的最佳状态，记录此状态的温度，下次使用时隔水加热至此温度即可直接使用了。如果流动性太强导致淋面酱挂不住，勺子只有薄薄的一层，则表示温度偏高，需要继续降温，如果过于浓稠则表示温度太低了。

淋面分为单色淋面、多色淋面两种，效果如图4-25、图4-26所示。

图 4-25 单色淋面   图 4-26 多色淋面

4.3.2.4 涂面装饰

涂面装饰所用材料包括甘纳许、果酱、果泥等。

甘纳许作为顶面装饰涂层，与巧克力的味道相似，光泽不明显，但在口感上很柔软，入口即化。果酱、果泥具有各种各样的颜色，带有香味，但它们在色泽和质感上都有各自的特点。甘纳许、果酱涂面如图4-27、图4-28所示。

图 4-27 甘纳许涂面   图 4-28 果酱涂面

4.3.2.5 奶油（馅料）装饰

奶油在法式甜点装饰中出现的频率已大不如前，但是由于奶油的可塑性高，它依然频繁地出现在蛋糕装饰里，表现手法却不再只局限于单纯的色素调色、裱花、抹面。

以淡奶油、黄油、奶酪等制作而成的奶油馅料是甜品制作中常用的夹心，但是对于质地适合的奶油馅料，也是可以通过裱花嘴表现在甜品表面的。

奶油霜的出现，一定程度上弥补了奶油的些许缺点。它多是由奶酪或者黄油打发，软硬度适中，可塑性强。它比奶油更细腻，且储存期更长，口感上也更加丰富厚重，但热量也相对很高。在展览装饰性的蛋糕上，奶油霜的身影出现得越来越多。奶油馅料、奶油霜装饰如图4-29、图4-30所示。

图4-29 奶油馅料装饰

图4-30 奶油霜装饰

4.3.2.6 水果装饰

水果本身的多样性给蛋糕装饰提供了很多可能性。多数水果可以用雕刻、折叠、累加的方式达到不同的效果。在水果上面刷镜面果胶，可以防止水果脱水、干燥、变色，又能使水果富有光泽。水果装饰如图4-31所示。

4.3.2.7 方顿糖 / 方顿糖霜装饰

方顿糖呈乳白色。将砂糖、葡萄糖浆和少量的水煮到140℃后，倒在料理台上，用铲刀来回地铲，直到形成结晶的白砂糖。葡萄糖浆

图4-31 水果装饰

是方顿糖霜的一个重要材料，它的加入提高了方顿糖的松软度、黏度和稠度。

方顿糖霜是由方顿糖加糖水混合制作而成，水的添加量依据糖霜的稠稀度而定，达到想要的状态即可。方顿糖霜装饰如图4-32所示。

4.3.2.8 焦糖装饰

焦糖呈褐色。焦糖在装饰中有不同的形态，可以是糖片、糖丝等，如图4-33所示。

图4-32 方顿糖霜装饰 图4-33 焦糖装饰

开店指南

砂糖和水熬制成浆，温度一般在165℃以上，超过180℃就会出现苦味。不同温度的香味、颜色、稠稀度都有不同，甜品师要把握好。

4.3.2.9 巧克力装饰

巧克力经过调温后，可在料理台上用压模、铲刀等工具做出的各种花纹或形状的制品（巧克力件），用其作装饰是甜品制作中较常用的一种装饰手法。常见的巧克力件有巧克力片、巧克力围边等。巧克力装饰如图4-34所示。

4.3.2.10 花瓣草叶等装饰

花瓣草叶也可用在甜点上作为装饰，常用的是薄荷叶、玫瑰花瓣、三色堇等。这类装饰物不会大量使用，主要是为了调和表面色彩，使色彩达到平衡，或者呼应蛋糕主题，如图4-35所示。

图4-34 巧克力装饰　　　　　　　图4-35 花瓣草叶装饰

开店指南

　　很少有甜品装饰可以通过使用单一的点、线、面、体装饰手法直接完成，想要更多的层次和视觉美感，就需要多种技巧的综合使用。

4.3.3　甜品存放技巧

　　制作好的甜品，只有存放得当，才能保持最佳口感。让产品保持最佳口感，就能以最新鲜的味道，抓住顾客的味蕾，从而让店铺有更多的回头客。这就要求甜品店不能选用风冷的冰箱，这样会把产品中的水分抽干，不能保持原有的口味。而且冰箱中不能放置带有刺激性气味的材料或食物，避免串味。

4.3.3.1　关于冷冻型甜品

　　比如慕斯蛋糕，甜点师通常会提前一天将其做好，送进冰箱冷冻成型，第二天再取出脱模，然后装饰售卖。

　　如果出现第一天做的数量较多，第二天又无法售卖完的情况，则在第二天开始时店长就应该估算一下当天能售卖多少块，取出当天能卖完的数量，对其进行脱模装饰，再放进3~6℃展示柜中进行软化，以备销售。剩余的蛋糕不要脱模，而是用保鲜膜将其密封包裹住；或者放进密封袋中，尽量排出内部的空气，放进冰箱中冷冻，这样可以保存半个月之久，等到需要的时候再进行脱模装饰售卖。

　　将冷冻成型的蛋糕密封包裹起来，就是为了使蛋糕中的水分不会流失，并且不会吸收其他的味道，充分保持蛋糕原有的风味。放进展示柜中的甜点蛋糕，必须要在当天售出，尽量不要将展示柜中的产品放置了一夜之后再进行售卖。因为蛋糕中的水分和风味都会流失，影响口感，这样的蛋糕送到顾客嘴里，也不会得到好评。如果当天实在售卖不掉，店长可将其送给员工享用。

4.3.3.2　关于磅蛋糕和小蛋糕

这两种蛋糕需要密封保存。通常情况下，磅蛋糕烘焙后应至少静置一夜，静置后的蛋糕湿润度最佳，变得更加绵软，更加美味。密封状态下，室温可以保存三天，冷藏可以保存一周，冷冻可以保存两个月。

在店里，磅蛋糕最多可以做两天售卖的量，因为需要静置一夜，所以在室温条件下可以售卖的时间就减少了一天。磅蛋糕烘烤完成，待完全冷却之后装进包装袋中密封，摆放在货架上售卖即可。而其他类型的小蛋糕不用静置一夜，冷却完成之后密封保存，摆放在货架上即可售卖。

4.3.3.3　关于泡芙类甜点

泡芙外壳烘烤完成，充分冷却之后，甜点师将外壳密封起来，放进冰箱中冷冻可以保存一个星期。泡芙冷却后，挤上馅料并装饰，用密封箱装起来，放进冰箱冷藏可以保存两天，但切勿冷冻，因为其中已经挤入了馅料，冷冻会使内部的馅料和外壳分离，导致产品口感变差。

没有挤馅料的外壳，店长可预估一下当天可以售卖多少，取出预估的量，挤上馅料装饰，就可以放进冷藏展示柜中进行售卖。

当天做出来的成品，最好在当天售卖完成，因为这同慕斯类产品一样，在冷藏展示柜中放置一天一夜后，蛋糕中的水分和风味都会流失，影响口感。

4.3.3.4　关于挞派类产品

对于挞派类产品来说，甜点师可以将面团多做一些，一部分放进冷藏室静置一夜后使用，另一部分密封放进冰箱中冷冻保存，可以存放一个星期，使用时提前两小时取出，置于室温回软。

挞皮整形烘烤，完成之后，可以在内部刷上一层薄薄的可可脂，避免挞壳快速吸湿，延长最佳食用时限。一般挞派类产品，在装饰完成之后可以冷藏保存三天。如果没有刷一层可可脂的话，会缩短最佳食用时限，到第三天口感就不会很好了。

4.3.3.5　其他类产品

通常情况下，甜点的最佳食用时间是在三天之内。保存时，一定都要分开密封，并且保证冰箱内部整洁干净，没有太多的杂物在里面。有条件的情况下，最好是将成品、半成品、原材料的保存区域分开，避免各种材料互相串味。因为每一种食材的气味都是不一样的，冰箱中的空间小且封闭，很多食材的味道会掺杂在一起，导致产品的变味。

开店指南

　　如果想要提升店面的档次，应保证产品的口感，每天只做当天售卖的产品即可，以保证产品的新鲜度，给顾客的味蕾奇妙的享受，相信你的产品会很受顾客的欢迎。

第**5**章
门店运营管理

导言

虽说奶茶店、咖啡店、甜品店的市场前景广阔，消费者对此的需求量很大，有些门店的生意也很火爆，但是想要自己的店铺能够获得可观的收益以及长远的发展优势，店主必须在门店的经营和管理上下功夫。

店铺日常管理

5.1.1　员工管理

经营好门店的关键有两个，一是产品，二是员工，产品好喝才有人买，员工踏实肯干才能持续产出效益。其中最棘手的就是员工问题，产品研发成功，只要不断地复制就可以了，员工则有许多的不确定性。那么，如何管理好员工呢？门店经营者可以从以下几个方面来做好员工的管理工作。如图5-1所示。

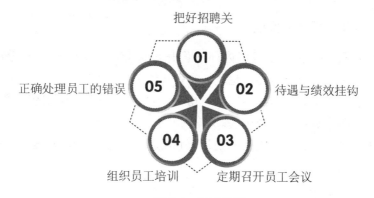

图5-1　员工管理

5.1.1.1　把好招聘关

门店的员工并不需要推销员一样好的口才，相比之下，亲和力和动手能力更重要。门店经营者尽量要找值得信任的人，能有朋友推荐最好；如果没有推荐的，就只能亲自去招聘了。

在员工招聘的时候，门店经营者一定要找比较积极向上的员工，并且最好是比较热爱饮品行业的。如果是收银员的话，沟通能力需要好一点；如果是操作员的话，动手能力需要好一点。

开店指南

招聘到的人最好是有相关经验的，对门店制作和流程比较熟悉，工作比较好上手。

5.1.1.2 待遇与绩效挂钩

门店的薪资最好不是固定薪资，至少应该分三部分：固定工资、绩效奖金和单品奖金。

比如，设置多种晋升的制度，升了一个阶梯就往上涨工资。再如，每月评选一位最佳员工或者是最受欢迎的员工，获选的员工可以领取奖金。

对于员工来说，在奖金的"诱惑"下一般服务态度和工作态度都会变得更加积极。同时设置提成制度，员工每卖一份产品就给相应的提成，员工卖产品积极了，门店的业绩也就提高了。

设置单品奖励，也就是说卖高利润的产品有额外的奖金，这样可以有效地促使员工向消费者推荐高利润产品，从而提高单笔交易收益。

5.1.1.3 定期召开员工会议

每隔一段时间，门店都要组织内部成员开一次会议，总结一下最近遇到的问题。这既是一个查漏补缺的机会，也是一个促进大家交流的机会。工作中很多人难免会有不满，要引导他们把不满的情绪说出来。对于员工反映强烈的事情，应及时解决，以免他们把情绪带入工作中去。

改进不足之处的同时，对优秀的人和事也要进行奖励，让那些优秀的员工可以更加投入地工作。

5.1.1.4 组织员工培训

员工培训是很重要的。定期的员工职业规划培训，可以使员工对个人职业发展不迷茫。门店的规章制度要做好，如果员工做了损害店铺利益的事情要严惩。

好的员工培训可以稳住员工，让员工心甘情愿在门店工作下去，并且一起为了门店努力。当然也不能频繁地做培训，一定要把握好度，不能让员工产生反感。

5.1.1.5 正确处理员工的错误

店内一定要有自己的制度，这个制度分两种：一种是绝对不能违反的，一旦违反就要立马清退的制度；一种是违反可以原谅的，需要警告的制度。

不能违反的制度，比如不能贪污店内的现金。这些制度在入职前就要说清楚，严格执行，一旦违反就绝不会讲情面。这种没有诚信的人留在店里危害是巨大的，而且极有可能带坏其他人。

需要警告的制度，比如卫生打扫不及时。在进行警告时，就需要一定的管理艺术。

比如，有一位奶茶店老板视察门店时，发现冰箱下面的地板非常脏，得知是店长没有安排人打扫后，就召集所有员工说："你们的冰箱下面很脏，因为是店长没有安排，所以他要受到惩罚，这次卫生由他做。我下次检查，如果还没有打扫，店长和当班员工都要受罚，扣罚的奖金交给下一个班次的员工，算是对他们的补偿。"

这个老板在处理的时候就抓住了事件的源头，是店长的错误就惩罚店长，而不是不问青红皂白，乱发一通火，这种合理合法的做法就比较能够服众。另外该老板不仅让没有遵守制度的人得到了惩罚，还通过奖惩结合让这件事变成了所有员工的事，教育警示全体员工的目的也就达到了。

开店指南

> 对于员工，一定不能一味地只把他们当员工，而是要把员工培养成共同的创业者，让员工产生主人翁的代入感。

5.1.2　门店环境管理

门店要想做到持久吸引顾客，首先在店铺环境上要杜绝脏、乱、差、坏。

5.1.2.1　脏

脏是门店常常出现的问题，有必要严肃对待。"脏"的程度按顾客能触摸到与否可分为表5-1所示的三级。

表5-1　"脏"的程度分级

序号	分级	具体说明
1	一般严重	顾客很少注意或看不到，如陈设商品的上沿有灰，盆景有凋谢的枯叶，陈设物的反面不干净等，这些对顾客影响较小
2	次严重	顾客很少用手去触摸但能看到，比如灯具的尘埃、角落的蜘蛛网、暴露的垃圾桶、不洁的地面、堆积的杂物等。这些地方，假如顾客看到会影响门店在顾客心目中的形象，拉低对店铺产品预估的心理价位
3	最严重	顾客能用手或身体触摸到，比如座椅有尘埃、餐桌不洁净、杯子有尘垢、商品一摸一手灰等，这是最严重的不卫生。这些将给顾客带来很不舒服的体验感，直接影响顾客的心情

5.1.2.2　乱

门店内物品摆放不到位，随意摆放，主要体现在以下几个方面。

（1）收银台上杂物堆积，杂乱不堪；

（2）商品摆放不整齐，不能形成好的视觉感受；

（3）店面的促销品、商品随意摆放，影响店面形象；

（4）店面的促销物料摆放不到位，摆放较杂乱；

（5）招待顾客后的桌椅、水杯、烟缸等未能及时打扫、打理；

（6）储物间显露等。

以上是门店平时容易出现的"乱象"，要进行管理，可每周由专人负责管理，发现问题严肃处理。关键是要培养门店店员建立店面细节养护的责任感和主人翁意识。

5.1.2.3　差

这个"差"首要体现在装饰、配件用材上，挑选比较劣质的商品，不舍得用高级商品，影响门店的整体形象。在装饰的细节上未能极好地处理，如墙面缝隙过大、不均匀，收边不一致，选择的样品陈设有问题，装修部分保护不到位等，不只会影响门店的美观性，也会影响到消费者对门店品牌的印象。还有在物料的用材上，原料层次不高，直接让商品"掉价"。

对于"差"的问题，就要求在装饰和选材过程中，对细节的处理加以注意，这样才能整体提高装饰的水平，建立较好的店面品牌形象。

5.1.2.4　坏

店内出现了损坏、破损的物品，包含展现样品破损（裂纹、开裂、划痕等）、展现道具的破损、家具配饰的损坏以及物料（标签、奶茶店面POP等）的破损等。

出现了坏的物品，应该及时修理，以确保此类物品的"健全"。

5.1.3　门店管理思路

开店创业，除了要有好的产品之外，店面的经营管理是很关键的一个环节。那么，经营门店要具备哪些管理思路呢？具体如图5-2所示。

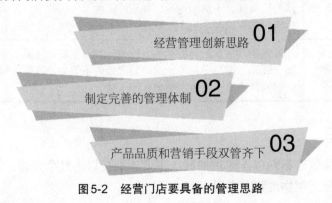

经营管理创新思路 01

制定完善的管理体制 02

产品品质和营销手段双管齐下 03

图5-2　经营门店要具备的管理思路

5.1.3.1 经营管理创新思路

在门店经营管理过程中，要找到自己的管理思路，不可盲目模仿他人，也许某个管理方法适合别人，但是到了你自己的店面环境中就不适用了。经营者应掌握一定的管理方法，然后结合自身条件环境进行改良，形成自己经营管理的模式。其中，创新思想是关键。

5.1.3.2 制定完善的管理体制

产品的品质做得再好，如果店铺没有人管理，员工随便迟到，客人来了也没有服务员迎接，产品价格来回调动等，整个管理流程不顺畅，那么最终也会导致经营不善关门，创业失败。

5.1.3.3 产品品质和营销手段双管齐下

产品质量非常好，这是一个无形的价值，怎么转换为有形价值呢？那就要卖出产品形成利润。优质的产品加上强势的营销手段，可使经营者的生意更加兴隆，从而获得更多的收益。

 **相关链接**

门店管理要诀

一、比精致

店面的装修应该根据自己当地的文化氛围和消费群体的接受能力，再结合自己的经济情况来定位，好的东西，适合自己，合适大众就可以，没必要盲目追求奢华。

二、比产品优化，不比数量

门店的产品在于精而优。数量多而不精，会让消费者产生消费疲劳，也就没有高销量。门店做出来的产品，要精美，突出产品的层次感，能让顾客一眼相中，增加单品购买量。

三、比产品的陈列

产品在店面如何摆放也是一门艺术，如果能根据店面空间设计来摆放产品，使其错落有致，突出三维立体空间感，相信这会给店面加分的。

四、比产品的新鲜度

有的店面有面包蛋糕，都是前一天做出来第二天配送的，中间的时间也会有一天左右，那么对产品的色香味都会有一定的影响。

五、比店员的服务

硬实力比完了，我们关键还是要有自己的软实力，就是店员的服务。这个是非常重要的，一家店能否让人想进去消费，与店员有很大关系。如果店员不主动为顾客服务，那相信顾客来一回就没有第二回了，自然给的差评也会很多。所以店员凡事要主动，热情、礼貌、微笑的服务会给门店赢得口碑。

六、比产品的推广和营销

有了好的产品，当然还要有好的推广活动和营销方案。现在很多门店普遍的推广和营销活动都是千篇一律的会员卡优惠制度，没有什么新鲜刺激的感觉，所以就带不起顾客更深层次的消费冲动。

七、比创新，比思路

门店要长久地生存下去，没有创新思维是行不通的，现在的饮品行业，同质化的太多，你不创新就没有吸引力。

八、比良心，比诚信

食品安全要排在首位，企业不但是做产品，更是做良心产品。门店售出的产品直接关乎着消费者的生命安全，没有责任心的人是做不了好的企业的。

九、比格局，比心态

干事业不怕有压力，要有所创造，有所突破，自然会有压力。一步一个脚印，脚踏实地干，你才会成熟，然后才有可能会成功，急功近利是万万不可取的。

十、比卫生，比整洁

餐饮行业最重要的就是卫生与安全，只有清洁的环境、干净的设备、卫生的工作人员才能使生产出来的产品卫生与安全。

5.1.4　门店成本控制

开店想要取得成功，就要在成本上下功夫。

5.1.4.1　固定成本

固定成本，顾名思义就是一般情况下是不可以变动的，其总额不会随生产量或销售量的增减而变动的成本。换句话说，固定成本就是即使产量、盈利为零时也必须支付的费用，如门店租金、员工宿舍租金、设备折旧费、维修费等。

门店的固定成本并非一成不变，比如当产量大到需要添置新增设备时，其固定成本就会产生变化。所以，门店成本控制可以从固定成本抓起。

5.1.4.2 变动成本

变动成本是指成本总额会随生产量或销售量的变化而按比例增减的成本，如食品、饮料的原料成本费用就属于这个范畴。

比如，销售一杯奶茶的原料成本费用是5元，销售两杯奶茶的原料成本费用就是10元。

在门店成本费用中，除原料成本外，在营业费用中还有水电费等一大部分变动成本。这些成本随着生产数量的增加而成正比例增加，是可控性的。

5.1.4.3 可控成本

可控成本是指在短期内能够改变或控制数额的成本。对门店来说变动成本，如原料成本、办公费用等，一般为可控成本。若变换每份产品的份额，或在原料的采购、验收、储存、生产等环节加强控制，则原料成本根据客数会发生变化。此外大多数变动成本也可以控制，如办公费、差旅费、促销广告费等；某些固定成本也可以控制。

5.1.4.4 半变动成本

半变动成本是成本总额会随生产量或销售量的变化而增减，但是不完全按照比例变化的成本，如员工工资。

当销售量增加时，员工的人数便会相应地增加，员工工资自然也要增加。门店经营者都明白，顾客到来之前，就应该配备好员工，其人数至少要能够满足最低要求。当销售量增加时，服务会显得忙乱，这时就有必要增加人手。然而若想准确地预测未来的销售情况却十分困难，当服务需求和服务供应之间出现不平衡时，门店需要一定的时间才能进行调整。

 **相关链接**

如何提升门店的利润空间

何为"利润空间"？简而言之，就是收入与成本之间的差额大小。如果收入既定，则利润空间取决于成本的控制，成本越低利润越高；如果成本既定，则利润空间取决于价值的提升，价值越高利润越高。从一个奶茶饮品店的角度来讲，要如何做到利润空间最大化呢？

1.成本控制

成本的控制并不就是意味着可以采用低劣的物品以次充好，而是要在保证产品品质的基础之上尽量做到降低成本，规避额外的成本增加。那么一个正常运营的奶茶饮品店有哪些方面是关系到成本的呢？

成本包括店面租金、水电费、人工薪资、原物料采购以及其他费用等。主要的可控成本在于原物料采购，原物料是关系到饮品口感、质量的重要因素，同时也是门店必须长期要采购的。奶茶店的原料各式各样，琳琅满目，如果能够把控好原物料的成本控制，将在很大程度上提升门店的利润空间。奶茶店在采购原物料的时候可以做到多渠道对比，尽量选择与优质厂家直接合作。

2.提升价值

提升价值一定要注意的就是必须跟店面定位和产品定位相结合，打造品牌价值，挖掘产品价值，切不可胡乱涨价。提升产品价值可以从以下几个方面着手。

（1）打造品牌价值，积累口碑和粉丝

品牌定位与产品定位是有着密不可分的关系，品牌如何定位关系产品价值的提升高度，定位越高，产品价值越高，利润空间越大，反之越低。在提升品牌价值的同时要逐渐培养粉丝，积累口碑，让客户为你的品牌价值买单。

（2）提升产品包装价值

也就是提升它的附加价值。一杯普通饮品杯装饮料与一杯精品杯装饮料肯定有着截然不同的效果，店主可从视觉、味觉、特性、包装等各个方面着手，再加以广告宣传，展示出具有特色的各式饮品去提升产品价值和利润空间。

（3）提升环境和氛围及服务价值

同样一杯奶茶，口感、原材料、杯子大小都一样的情况下，高档的奶茶店的利润率通常远高于路边店的。这是因为在一些高档的奶茶店喝奶茶，奶茶只是消费的一部分。除了奶茶，顾客还要为店内的文化氛围、奶茶店的环境、专业的服务，甚至是听到的每一首音乐买单。

可见提升奶茶饮品店的利润空间大体可从"成本控制"和"价值提升"两个方面入手，方法不拘一格，不管以哪一种方式，每走一步都要抱着精益求精的态度去做好每一件事。

5.2 店铺服务管理

5.2.1 服务顾客的原则

门店不能只注重产品，在服务上也不能掉以轻心。对于奶茶店、咖啡店、甜品店来说，服务顾客时要遵循图 5-3 所示的原则。

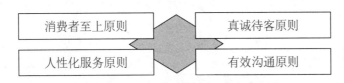

图 5-3 服务顾客的原则

5.2.1.1 消费者至上原则

门店员工应有这样的共识——产品不只是卖出去，而是被消费者很满意地买回去。要做到这一点，门店员工必须站在消费者的角度，理解消费者、为消费者着想，有计划地与消费者就奶茶产品的细节进行沟通。

5.2.1.2 人性化服务原则

消费者入店后的一举一动、表情变化，员工都应观察仔细。在适当的时机及时介绍消费者看中的产品。唯有如此，才能适时为消费者提供服务，使消费者感受到门店员工细致入微的人性化服务。

5.2.1.3 真诚待客原则

在门店经营过程中，店员绝不能急于提升销量，而对产品的解说以偏概全，甚至以虚伪、欺瞒的言辞及态度，夸大产品的功能。更重要的是，店员必须设法延伸整个店铺的服务机能，甚至包括对消费者抱怨的处理，都应该让消费者感觉到商店的诚意。

5.2.1.4 有效沟通原则

不能有效地沟通，就无法达到销售目标。进行顺利沟通才能取得消费者的好感与信任，消费者才能听得进去门店员工所说的话，也就更易被说服。因此，与消费者交谈时，必须用对方熟悉的语言，不要用晦涩的语句影响沟通效果。另外，尽量聊消费者熟悉或感兴趣的话题，否则店员说得再好，消费者听不进去，沟通也是无效的。

5.2.2 接待顾客的要领

一个好的服务，好的接待会让消费者对门店产生亲切感，提高成为回头客的概率，也是门店增强竞争力的一个切入点。那么门店店员具体怎样做好接待这一服务呢？具体如图5-4所示。

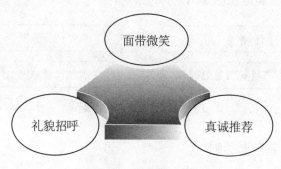

图5-4 接待顾客的要领

5.2.2.1 面带微笑

大家都知道，微笑是人与人之间最好的交流方式。在为顾客服务时，一定要面带微笑。出现问题的时候，即使是顾客的问题，也要微笑着和其进行交流。相信通过员工的微笑，再棘手的事情也能解决。

顾客希望看到员工发自内心的微笑，而不是敷衍的空洞的笑容。因此不管员工遇到了什么不开心的事，只要站到了工作场所，都要真诚地微笑，这不仅需要员工具备良好的职业素养，还需要门店经营者对员工有足够的人文关怀。只有门店经营者对员工有足够的关怀，才能让员工有真挚的笑容。

5.2.2.2 礼貌招呼

（1）当顾客进门时，店员要热情主动地招呼，如"欢迎光临××奶茶"。

（2）当顾客出门时，要说"这是您的××，请拿好"。

（3）当顾客不知道产品是什么东西时，店员应做好随时解释的准备。

5.2.2.3 真诚推荐

（1）当顾客无法确定选哪种产品的时候，店员应主动进行引导，如询问对方是要喝奶茶类、果汁类还是沙冰等，还可以主动向顾客做出推荐。

（2）还有些顾客在购买产品的时候会犹豫不决，不知道应该买大份还是小份，这时店员就应该认真分析顾客的情况，给顾客说明大份、小份的区别有多大，大胆果断地帮其挑选。

（3）有些时候，顾客选择了某款产品而其同伴表示这个产品不好时，店员应该表示理解和尊重，然后细心观察顾客对同伴意见的重视程度。如顾客有自己主见、不容易受影响，这时就可以大胆鼓励他；如同伴的意见对顾客影响很大，则要先博得同伴的好感，找出同伴不喜欢的理由，然后做出合理的解释，同时推荐给同伴一款好的产品。

（4）当顾客拿本店的产品和其他品牌比较时，切忌打压别的品牌或说其不好的话，不自卖自夸。反而要用肯定的语气，夸奖其眼光，鼓励顾客的信心。同时介绍本店产品的优点，赞美本店的产品，突出与众不同的地方，让顾客自由选择。切不可诋毁其他产品，否则易引起顾客反感。

5.2.3 服务顾客的要点

如果拥有优质的服务，再加上味道独特的产品，相信门店的生意会非常火爆。那么，怎样的服务才算是优质的服务呢？具体如图5-5所示。

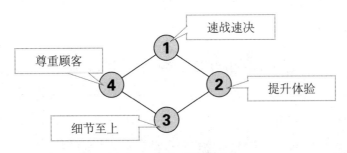

图5-5 服务顾客的要点

5.2.3.1 速战速决

一般顾客到门店消费，都不愿意久等，如果顾客等得失去耐心，下次可能就不会来了。所以店员一定要做事敏捷，熟悉自己的产品，准确地制作产品。

5.2.3.2 提升体验

当顾客在等待产品的时候，如果能够有首让人感受到非常轻松的音乐，会让顾客的购物体验提高很多；如果能够有一份精美的海报可以看一看，在等待的时候也不会特别焦急。

5.2.3.3 细节至上

门店必须要注重服务细节。每一家成功的店铺，除了要有过硬的产品，还需要重视一些细节方面，顾客们往往被一些不经意的细节感动甚至俘获。

因此，门店经营者一定要怀有做好产品的初心以及一颗敏锐的心。密切关注日常生活中的每一个细节，在服务中一定要注意这些细节，并且分清主次。

5.2.3.4 尊重顾客

在面对顾客的时候，要注意听取顾客的感受，知道顾客最想要的是什么，关心顾客的需求。只有真正把顾客放在第一位，才能够了解顾客想要的到底是什么。所以，经营者需要在日常经营过程中，学会了解顾客内心的想法，尊重顾客的意愿。

开店指南

其实经营奶茶店并不只是简单地制作产品，还需要经营者与消费者互相了解并且进一步交往沟通。所以经营者应该多了解并且倾听消费者的真实需求是什么，这样才能够留住消费者，让奶茶店越变越好。

相关链接

奶茶店如何把握好顾客进门的5分钟

精确把握服务速度快、服务体验好、产品口味佳这三方面内容，对于提升门店客户的转化率有很重要的作用。客人进入门店的5分钟之内，将这三方面内容做好，就等于成功了一半。那么如何把握好这5分钟呢？

1.进门2分钟别让客人等

一般来说客人的种类可以分为散客、常客、过客、回头客、忠诚客，而服务的最高境界就是将散客、常客、回头客变为忠诚客。良好的开端是服务成功的一大关键要素，在客人进店的2分钟内，一定要注意服务的内容。

首先，客人进店之后一定要迅速打招呼，让客人不会感觉到被冷落。开口问候时也要直视对方并面带微笑，以便让客人感到被尊重和关注，从而消除客人的孤独感。一定要注意打招呼的内容，面对散客和过客可以直接以"欢迎光临"等内容开始，而面对回头客和忠诚客则可以以朋友的口吻尝试打招呼。在2分钟的时间内，一定要掌握客人的需求，从而进入下一个销售环节。

2.销售2分钟服务要利索

在知晓客人的需求后，手脚一定要利索，动作一定要麻利，在制作产品时，整洁的台面和干净的器皿，都会让客人增加好感度。当然外在的工作做到位，产品内在的口感、颜色、味道等也同样应该做好。

有的奶茶店拥有多个系列，数十种奶茶单品，对于制作的水平要求较高，经营者应该熟练掌握制作技巧，以便在销售环节中让客人感到信赖。一个制作奶茶手忙脚乱的人，当然让客人觉得无法安心，本次销售虽然能够达成，但下一次就会失去这个客人。

3.临别1分钟收款服务要周到

为客人制作好奶茶，并打包好，接着就需要结账收款。一定要双手递上账单，账单明细要标清，让客人了解产品的价格。结账完毕后，也要注意和客人打招呼，不要让客人有"收了钱就不认人"的糟糕感觉。

如此，做到以上的服务细节，那么将大大增加客人的好感，有利于客流的转化，积累忠诚客和回头客。

5.2.4 提升门店的服务质量

门店想要提升档次，想要长期经营，必须依靠质量好的产品以及一流的服务。如果门店产品口感没有别家做得好，但是服务态度一流，那么顾客肯定也不少。毕竟口感可能很多人并不能很明确地分辨出有什么差别，但是服务却是实实在在的。因此服务也是很多门店提升销量的关键。

那么，如何提升门店服务质量呢？具体方法如图5-6所示。

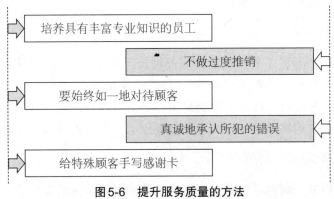

图5-6 提升服务质量的方法

5.2.4.1 培养具有丰富专业知识的员工

实体行业的任何岗位，都要具备一定的专业知识。当顾客有疑惑、有问题时，他们希望听到的是专业解答，而不是"不知道"。

各行各业都有岗位能手，比如：有的鞋柜员工，看到一个人的脚就能说出鞋的尺码；有的食品零售员工，客人说出一个重量，就能抓出相应的商品数量。随着时代的进步，对员工的专业要求越来越高，员工的专业技能也更需要与时俱进。

对于一家门店的服务员来说，在工作中需要的知识，不仅仅限于服务话术。当天的新闻、时下流行的话题，常常在与顾客的交谈中出现。而关于产品配置的知识则是顾客最想知道的，也是必备的知识。

比如，奶茶是经过了怎样的过程做出来的，或者配的水果是哪几种等内容常会被问到。

又如，这款咖啡是怎么冲泡出来的，里面加了什么配料，有什么特色。

顾客在点餐的时候，负责点单的服务员应追随顾客的目光，当觉察他脸上露出犹豫或迷惑的神情时，就需要积极地讲解内容，帮顾客答疑解惑。

开店指南

> 如果顾客不问，服务员就不需要过多言语；只要顾客问，服务员就应当认真、亲切地回答。向顾客比较客观地介绍饮品的特点，是一个恰当的方法。

5.2.4.2 不做过度推销

每位员工都想销售更多的商品，这意味着可以拿到更多的收入。但员工的愿望和顾客的需求有时是相悖的。一味推销，让顾客买下不合适的商品，过后顾客肯定会懊恼与不快，也不会再次光临。

5.2.4.3 要始终如一地对待顾客

不管进店的顾客要不要买该店的商品，员工都要尽心为顾客提供热情的服务。不能够因为双方没有达成购买"协议"，员工就发生态度的转变。

尽管这次顾客没有购物，但他仍是需要服务的顾客，因为他是潜在的顾客，他们也会传播他们的购物体验。因此不要忽视任何一个可能成为潜在客户的人。

5.2.4.4 真诚地承认所犯的错误

在经营过程中，顾客可能会对门店产生某种误解，或者发生矛盾，这在经营过程中是非常正常的现象。所以，遇到了顾客对门店表示不满，经营者应该做的是了解事情的原委，该道歉的需要及时道歉，并且要设法弥补错误，将错误产生的影响降至最低，尽可能取得顾客的谅解；如果消费者对门店有误解，应该做好解释工作。若无视错误，只会让顾客更加反感。

5.2.4.5　给特殊顾客手写感谢卡

对于经常光顾、大金额购买的顾客，要给他们写一张感谢卡。这张感谢卡应是独特的、与众不同的。如果是统一印刷的文本，接到的人欣喜程度就要大打折扣。所以，这张感谢卡最好由门店的最高管理者手写而成，才能体现诚意。

5.3　店铺促销管理

5.3.1　常见的促销方式

促销对门店来说是必不可少的一件事，但如何才能让促销活动充分发挥其作用呢？一般来说，门店常见的促销方式有图5-7所示的几种。

图5-7　门店常见的促销方式

5.3.1.1　套餐活动

套餐可以是饮品和小吃之间的搭配，也可以是同一产品类型的搭配，但必须是根据产品之间的相关性、互补性精心搭配，要给消费者一种"赚到"的感觉，如图5-8所示。

另外，套餐往往要比单品优惠，大众通常都会选择性价比更高的，这样对于某些消费者来说本来只是要一杯奶茶，因为套餐优惠也许会再要一份小吃，会更有利于产品的销售。

图5-8　促销海报截图1

5.3.1.2　买送满减

对于商家来说一杯饮品的成本不高，而利润则很可观，经常做一些"买送满减"的活动非常有利于销售，如图5-9所示。

图5-9　促销海报截图2

比如，"第二杯半价""满八杯减一杯的钱"或者送小玩偶等，不但能给消费者留下好印象，也是变相地留住老顾客。

开店指南

在选择饮品店时，消费者除口感外考虑的往往是哪家店有优惠，门店应积极地组织相应的优惠促销活动。

5.3.1.3　移动端营销

对于"低头族"，门店应投其所好。可在微信上做宣传，从吸引用户、引导用户、带给用户价值、线上线下互动几个方面循序渐进，让平日积累维护的线上用户到线下进行消费。因此，做线上线下同步的活动很有必要，只有这样，才有可能把微信用户变成实实在在的消费者。如今微信营销已经非常普遍，做之前要结合门店具体情况用心策划。

5.3.1.4　联合促销

任何一家店都不是单独存在的，周边会有不同行业的商家，合作营销也是带动消费的有力手段。

比如，可以凭借在××超市购物的收据在我店打折，购物满30元送××甜品店优惠券或者送一杯由××咖啡店提供的饮品等这种异业合作的方式。

这一方式主要能发挥各个不相干产品所带来的合作力，但是这些产品需要有终端一致的消费群体。这样的促销活动往往能够带来意想不到的效果，也会促进门店在市场的发展。

5.3.1.5　进店有礼

进店有礼给人一种想试一试的感觉，在某种程度上吸引了更多的消费者。门店需设计一些别出心裁的奖品活动，如砸金蛋、扎气球等，里面可以装满五颜六色的彩纸和写明奖品的纸条，进店即可参与抽奖。奖品有打折券、会员卡等，消费者会很喜欢这种额外的附赠品。

5.3.1.6　分享送优惠券

现在很多年轻消费者到门店消费，看到好看的饮品或者装修风格好看的门店都会想拍照留念，那么我们借着这一点，让顾客分享本店的产品到朋友圈从而领取优惠券，自然就会有消费者很乐意地帮助我们做推广。

5.3.2 掌握促销的技巧

对于门店经营者来说，如果能掌握一些如图5-10所示的行业相关的促销技巧，那么你的门店将会比其他同行更有竞争力。

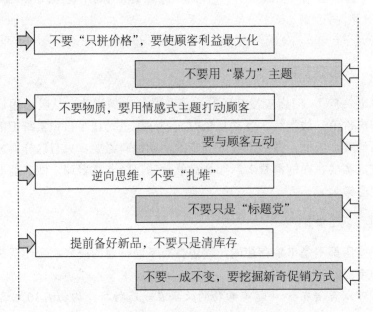

图5-10 促销的技巧

5.3.2.1 不要"只拼价格"，要使顾客利益最大化

促销活动不能只是血拼价格，没有其他噱头，而要将活动能给顾客创造利益点提炼出来并作为宣传主题。

比如：返现方式，可以"最高返现××元"作为宣传点，就比较有吸引力；如果把返现让利转化成消费者利益点，变成如"第二杯半价"，则更能打动消费者。

5.3.2.2 不要用"暴力"主题

一些企业在促销活动主题中喜欢用强烈突出价格低的表述，然而门店经营者需要注意的是，并不是这些宣传主题就能够打动消费者，促销既要考虑活动期间的销售盈利，也要考虑活动之后的平常销售及品牌形象。

过于"暴力"的促销主题，可能影响消费者对品牌的信任，大部分消费者希望自己能够从商家促销中得到实惠，又不希望被贴上"爱便宜、抢尾货"的标签。因此，一定要综合分析自身品牌与产品定位，切忌盲目"暴力"包装。

5.3.2.3　不要物质，要用情感式主题打动顾客

情感营销之所以受消费者认可，是因为它在能够满足消费者对产品本身特定需求、优惠购买希望的同时，还能够满足消费者在某一方面情感上的诉求，形成共鸣。情感营销可使品牌与消费者建立持久的关系，使消费者形成消费习惯或品牌忠诚度。

开店指南

促销主题情感化，实际上是指主题应该具有一定文化性，如一些企业在促销主题上，喜欢用"圆梦计划"一类的词语。

5.3.2.4　要与顾客互动

"寻找……""嘉年华""一起"等带有互动、召集意思的词语常常被用在促销主题中，以吸引顾客的参与兴趣。

比如，有一些奶茶店的情人节营销活动，顾客表白可以打折、免单，甚至还有拍情侣照等活动，让顾客玩得很开心。

5.3.2.5　逆向思维，不要"扎堆"

促销主题"撞车"屡见不鲜，一旦活动本身没有太多亮点，很容易被顾客忘记，甚至记错了"东家"。

比如，中秋、国庆期间，促销主题大多围绕"国庆""中秋"做文章，扎堆现象严重，虽然想借节假喜庆的"风"，但也容易因为没有特点而被湮没。因此，不妨逆向思维一下，制定一个有别于主流的活动主题，如外婆家餐饮店自造的"外婆节"。

5.3.2.6　不要只是"标题党"

促销活动不能只是希望于"标题制胜"，尤其不能杜撰一些名不副实的促销主题，企图通过一些引人注目的促销标题先"忽悠"顾客进店。成功的促销活动涉及方方面面，标题只是一个"饵"。

5.3.2.7　提前备好新品，不要只是清库存

在节假到来之前，店家要提前备好新品，保证货源充足。从趋势的角度来看，

推出新品能强化品牌在消费者心目中的地位。对于营销预算有限的门店，以有限的广告宣传和适量的新品推出，就可以取得不错的影响力。

5.3.2.8　不要一成不变，要挖掘新奇促销方式

值得注意的是，门店的促销切勿过分依赖单纯的降价打折。为了减轻库存压力、增加现金流而进行的大幅度打折，会破坏奶茶店的品牌形象，影响后续的销售。替代性的策略是，可以考虑提高产品的附加值和增加一些服务，这样既可以增加短期销量，又不会对门店造成太大的负面影响。

比如，每天推出一定的特价饮品，售完为止。

5.3.3　借用微信促销

微信是现在很流行的社交工具，奶茶店、咖啡店、甜品店在微信上怎么做宣传呢？

5.3.3.1　利用微信来开拓新客户

微信是相对私密的社交空间，但是很多人会喜欢寻找附近的人。这时，门店经营者可以利用微信的定位功能找到附近的人，并且加他们好友又或者去附近的客户密集区加人。门店加新客户，首先要打招呼，然后不定期地在朋友圈发门店动态，引导他们来店内消费。

5.3.3.2　利用微信来维持客户

门店不仅要开拓新客户，更要关注老客户。老客户要经常互动，尤其是那种有共同好友的老客户，可以让门店成为他们之间的桥梁，建立门店强关系链。

5.3.3.3　利用微信来与粉丝互动

粉丝互动必不可少，门店要不定期地做活动去满足我们的新老客户，比如邮件转发、积分兑换、晒照片之类的，与新老客户培养感情，促进其长期消费。

 相关链接

××甜品店的微信营销技巧

××甜品店位于某三线城市的繁华商区，是一家主打高端甜品的蛋糕店。店主主要通过微信营销，靠朋友圈"大量晒图＋简单文案"进行宣传，月收入非常可观。

1.确认客户群体的覆盖

店主在开店前先调查过这家店1公里以内的用户群体，职场女性偏多，所以这家店的甜点的制作造型就主要抓住女性的喜好。店里所制作的甜点，不仅有最受女生欢迎的热门甜点，如奶酪瀑布蛋糕、巧克力块慕斯蛋糕等，还有各种可爱的卡通动漫造型的生日蛋糕，特别招小朋友的喜欢。

因为确定了客户的圈层，所以能轻松抓住客户的需求，这样不仅能建立口碑，也能为自己的实体店铺带来流量。

2.产品精细化

店铺的产品类型，最开始并不多，只有不到10种甜点。但是靠着精致小巧的造型，尤其是在蛋糕制作中揉合了经典卡通形象、时下流行元素，造型精美，常常引来顾客拍照分享到朋友圈。

随着管理线拉长，店主觉得每天去拼命创新，不如把原来的蛋糕做得更精细，这样还方便管理。注重打造"爆品"推广引流，这也是非常适合中小型餐饮的套路。

3.微信裂变引流

除了门店本身带来的客流量外，主要靠老顾客裂变引流，其中最重要的手段就是用微信营销。

该店主用于联系客户的微信营销号就有好几个，每个微信可以添加大量好友。这个店铺通过微信添加的好友已达万人，拥有大量的精准客户，复购率相当高。

而店主做的就是每天晒图，每天7点到9点之间在甜点刚出炉的时候发送第一条，18点左右发送最后一条，这时候一天的甜点基本全部卖完。同时在微信群里也会定期发送福利以及接受第二天预定，老顾客介绍新顾客也有红包奖励。

这就是微信裂变引流法。该店主就是通过自己那些精美的甜点作诱饵，选定了合适的种子客户以利益驱使，让他们自行裂变、引流，从而给蛋糕店带来大量收益，轻松把自家蛋糕店推广出去。

5.3.4　拍短视频促销

所谓的短视频营销，就是将品牌或者产品融入视频中，通过剧情或段子的形式将其演绎出来，类似于广告，但又不是广告。关键能在用户看的过程中，不知不觉将产品推荐给用户，使用户产生共鸣并主动下单和传播分享，从而达到裂变引流的目的。

5.3.4.1　短视频营销的好处

首先，以抖音、快手为代表的短视频APP，用户极多。如果餐饮企业不玩，就会显得很不"合群"，难以跟顾客形成共同的兴趣爱好。而想要抓住年轻消费群体的心，就必须迎合年轻人的喜好，用他们喜欢的方式做营销。试想一下，如果餐饮企业也玩短视频，那就跟顾客有了共同话题，在互动交流的时候就更加得心应手。

其次，短视频APP，自带传播属性，这些软件的社交属性，使得广大年轻群体能够并且乐意自发传播，这对餐饮企业的宣传来说，不仅成本低，而且速度快，能在很短时间内达到意想不到的效果。而且短视频不仅能用来宣传美食，还能顺带宣传品牌。有时只需要通过餐厅某个新奇的点，就能吸引消费者的注意，并广泛传播蔓延开来，吸引其他的消费者前来体验。

开店指南

> 短视频之所以有这样的热度，不仅仅是因为它的内容好玩有趣，还在于它是面向大众的APP。

5.3.4.2　常见的短视频平台营销

如今短视频不仅成为大众娱乐的重要方式，相关平台也成了品牌营销的重要阵地。但短视频平台并不只有抖音，快手、B站（哔哩哔哩）、西瓜视频、皮皮虾等平台都拥有巨大的短视频流量值得挖掘。

不同的短视频平台差异巨大，各大短视频平台近两年都在快速增长扩张，平台定位也在不断转变。

（1）抖音平台营销。抖音目前的商业化做得非常完善，品牌也有多种营销工具进行平台的短视频营销。在实践落地过程中，在抖音可以通过硬广、企业号、达人、热点IP（知识产权）、全民共创五大方式进行营销。

最简单的抖音营销方法自然是硬广投放，由于算法推荐的作用，这类投放会相对精准。但如果需要进行大规模传播的话，则需要通过多种平台活动、用户共创共同推广。

（2）快手平台营销。2020年快手与春晚合作，日活跃用户数量顺利达到3亿。现在快手在平台时间、垂直领域、IP节目上进行了大量投入，这类平台综艺、平台IP内容的打造，给品牌方更多的营销合作机遇，如今不少国际大牌都在快手上进行营销。

比如，麦当劳在快手上的"给我一杯YE"挑战赛（新款饮品椰子水宣传活动）进行营销，亮点在于每天的挑战榜单都会进行更新，并通过社交式玩法，让参与挑战赛的人邀请一位好友进行传递。该活动最终获得了近300万用户参与、近50万用户原创作品、3600万视频播放量、1亿多曝光量。

（3）抖音火山版营销。抖音火山版最初为"火山小视频"，为字节跳动对标快手的短视频产品，定位偏下沉市场，内容更接地气，也更适合大众化品牌。

相比于抖音，抖音火山版的营销工具不算特别丰富，总体分为曝光、精细化流量、定制内容三种方式。

典型的营销方法是集中投放达人创作的视频，引导普通用户跟进，再将流量引导至话题活动页，进一步促进用户"留资转化"。当然，品牌方需要在站内站外同步推广，打出组合拳方能获得最大的传播效果。

（4）西瓜视频营销。西瓜视频的品牌营销与传统长视频网站有些类似，更多通过贴片、赞助、植入等广告工具实现，西瓜视频在自制综艺、自制剧集中有不少投入。根据头条指数数据来看，影视、综艺、喜剧类内容是该平台最受欢迎的内容品类，但平台面向的人群也总体偏向于下沉市场。

（5）B站视频营销。B站的用户以95后为主，更加年轻及多元化，是近年来备受关注的营销传播平台之一。

B站的内容受平台推荐影响较大，但B站也有大量用户主动搜索，这给予品牌营销更多的空间。总体来说，B站有三种大类合作方式：曝光、大项目、核心创作者。

（6）皮皮虾短视频营销。皮皮虾脱胎于"内涵段子"，整体社区风格偏幽默，社区中互动性非常强，有"神评""抢楼"等跟帖文化，在年轻群体和下沉市场颇受欢迎。

皮皮虾平台的营销方式基本分为两大种：流量产品合作及内容合作。流量产品就是开屏、信息流等投放，而内容合作更多是IP联合以及一些定制化的创新营销。

（7）梨视频平台营销。梨视频定位于新闻资讯短视频平台，不仅拥有专业的媒体团队，也收纳了全球范围内的"拍客"，从内容上来看，多为社会突发性热点事件。

在营销方案上，梨视频与常规短视频平台的最大不同及亮点在于，它可以通过"拍客"的方式进行纪实采访合作，共同打造话题热度，有了更多的可玩性及趣味性。

5.3.4.3 短视频营销的技巧

目前奶茶/咖啡/甜品的消费主流是80后、90后和00后，他们不仅喜欢个性化的，还喜欢交互式、可共享的营销方式，短视频可以满足以上要求。短视频营销不仅打破了饮品行业传统的促销模式，而且打破了饮品经营者固有的思维模式。那么，饮品行业如何使自己的短视频引人注目呢？可参考图5-11所示的技巧。

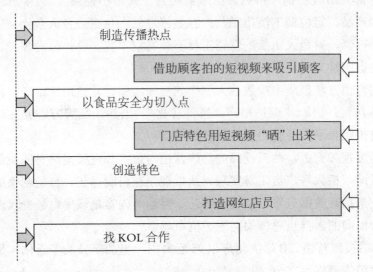

图5-11 饮品短视频营销的技巧

（1）制造传播热点。短视频平台的用户互动性极高，因此特别适合营销活动的传播和扩散。一旦制造出一个传播热点，就可能会引起大量的转发和传播。

（2）借助顾客拍的短视频来吸引顾客。仔细研究那些爆火的饮品品牌，我们不难发现，大多数被短视频"捧红"的产品，都是由顾客自发录制转载的，而并非经营者主动策划。这类视频都好像是临时起意，突发奇想，没有计划……而正是这样的短视频，才让人感觉更加真实，更加可信，顾客才会心甘情愿地接受广告的"安利"，不觉反感，反而乐在其中。因此，经营者想要借助短视频吸引客流，不妨从顾客着手，鼓励他们在就餐时拍视频。

比如，顾客在门店就餐时拍抖音，获得相应数量的"小心心"，就可以享受打折或赠送礼品等优惠。

（3）以食品安全为切入点。当代人对食品安全是非常重视的。经营者可将产品从原料采购到制作，再到餐具的消毒，甚至后厨的整理，全部以短视频的形式展现给消费者，打消消费者在食品安全方面的顾虑，在塑造品牌形象的同时，也提高了线下顾客的到店率。

（4）门店特色用短视频"晒"出来。如果你经营一家特色咖啡店，你可以试试短视频营销。一个能拍短视频的餐厅，往往对顾客很有吸引力。

独特的环境、精致的餐点、贴心的服务，甚至个性化的菜单都可以作为门店的独特卖点。我们可以从顾客的角度把这些特点制作成有趣的视频，并把它们拍出来，以此吸引眼球。

（5）创造特色。有的经营者可能会觉得自己的门店没有特色，不适合短视频营销。如果这样想，就大错特错了。没有特色，我们可以创造特色。

短视频用户大体可分为三类，分别是内容生产者、内容模仿者和普通观众。"短视频爆品"产生流程，往往是网络达人创作了精彩作品，随之出现一大批的模仿者，从而使得原创内容产生裂变式传播，全方位触达更多的观众，观众再通过亲身体验，成为新一轮的模仿者。这个过程不断重复，最终导致爆款产品大热。

因此，经营者可以创造各种神奇吃法玩法吸引群众。

比如，CoCo都可创造"焦糖奶茶＋青稞＋布丁＋少冰＋无糖"的网红奶茶，星巴克设置隐藏菜单等。广大"吃货"的力量是无穷无尽的，经营者只要给他们空间发挥就好了。

这种突破菜单、边玩边吃的形式，让顾客自己动手创造，不仅趣味十足，互动感更强，而且操作简单，易于模仿，网友们能够立刻进店尝试，随之带来海量的线下转化。尤其是对于连锁品牌来说，门店遍布大街小巷，更是为网友模仿体验创造了"地利"条件，短视频带来的品牌宣传效果难以估量。

（6）打造网红店员。经营者可以通过展示店员的专业技能、颜值和才艺，吸引关注，为门店带来可观的客流量。总之，在短视频盛行的时代，经营者可以根据自家餐厅情况，抓住短视频营销这个红利期，找准视频中想要突出的"点"，提供有趣、好玩的内容，或是介绍别具一格的门店特色；展示门店的场景、社交特色，或是诱人的产品卖相；展示店员的才艺，或是店员独特的操作技法……只要找准打动用户的点并配上互动性较强的文案，就会有效果。

（7）找KOL（关键意见领袖）合作。KOL包括部分网络达人。KOL自带流量，寻找到与自身品牌契合度高的KOL来做宣传，效果事半功倍。

通过 KOL 来植入广告有图 5-12 所示的几个好处。

好处一　▷ 观众不反感 KOL 的软性植入

好处二　▷ "借"到了 KOL 在粉丝中的影响力，传播效果会更好

好处三　▷ 由 KOL 来构思创意植入，视频内容可以和产品特性做衔接，达到宣传品牌的目的

图 5-12　通过 KOL 来植入广告的好处

 开店指南

对于小型门店来说，与其请费用较高的网络达人，不如花点心思自己做视频。如果视频足够吸引人，不需要请网络达人也能获得不错的流量。

相关链接

适合奶茶店抖音吸粉的内容

第一类：饮品调制类

用十几秒的视频展示不同的奶茶是怎么调制的，画面很美，制作过程很简单，很能勾起用户的兴趣。

（1）封面话术引导。可以在想要发布的短视频封面上，配上相应的话术来引导用户。比如，"在抖音上偷偷学会的第 1 杯饮品"，以此吸引用户围观。

有的账号喜欢在封面上写奶茶的名字，比如柠檬"三兄弟"、香蕉芭乐奶昔……其实，这种封面设计不太好。因为大多用户根本记不住这些名字，也不会对这些词语感兴趣。

（2）设置一个有趣的提问。设置有趣的提问能吸引用户留言。留言是平台推荐算法的一个重要指标。

（3）放大调制中真实的声音。比如切水果就用切水果的声音，倒水有倒水的声音。视觉加听觉双重刺激，更能诱惑用户。但是这类账号有一个大缺陷，

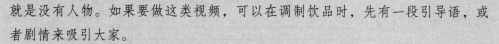

就是没有人物。如果要做这类视频，可以在调制饮品时，先有一段引导语，或者剧情来吸引大家。

第二类：剧情类

剧情类视频天然具有娱乐属性，本身在抖音里就属于一大类别，如果能把奶茶融入其中，效果自然是不错。

但是，做剧情类要求特别高，从出镜人的颜值、表演、剧本、设备都要特别优秀。因为在抖音上，做剧情类视频的账号太多了，竞争非常激烈。想做这类可以专门去找抖音当下最热门的话题或者段子，然后再找里面点赞比较高的，学习其文案和拍摄方式，成功率会更高。

5.3.5　上线小程序促销

随着微信小程序的上线，线下实体门店将再次迎来一场大变革，微信小程序的出现，将带来整个餐饮行业的变革。

5.3.5.1　什么是小程序

微信小程序，简称小程序，英文名Mini Program，是一种不需要下载安装即可使用的应用，它实现使应用"触手可及"，用户扫一扫或搜一下即可打开应用。这也体现了"用完即走"的理念，用户不用关心是否安装太多应用的问题。小程序随时可用，但又无须安装卸载。

5.3.5.2　小程序的功能

用户可以通过小程序搜索到相应的奶茶店，足不出户就可以实现店面查看和预定。而在线预定的商品，既支持门店配送，也支持到店自取，整个流程走下来，几乎只需要2～3步就可以完成。

5.3.5.3　小程序的价值

小程序助力线下门店打造新零售，是一个很好的开始，能够打造线上线下新零售平台。具体来说，小程序能够给奶茶店、咖啡店、甜品店带来图5-13所示的红利价值。

价值一	"附近小程序"是附近5公里的微信用户可查看的，为店铺带来巨大的流量
价值二	通过转发优惠券、刮刮乐、折扣等方式刺激用户转发，快速打入潜在用户心中，扩大客源
价值三	小程序和公众号关联之后，可以吸引公众号积攒的粉丝资源，让流量变现很简单。公众号推文中还可以推广小程序，用户读完文章即可立刻下单，无需跳出，让用户转化更容易
价值四	在朋友圈投放小程序广告，实现更加精准的投放；制作相关的小程序海报，结合抽奖活动吸引更多用户

图5-13　小程序的红利价值

5.3.5.4　小程序的推广

小程序对于奶茶店、咖啡店、甜品店的意义，不仅仅是提高点餐效率，提升服务体验，更是线下引流的新渠道。只要实体店铺拥有小程序，就能被主动推送给方圆数公里内的用户，带来实质的引流。大概来说，奶茶店、咖啡店、甜品店小程序的功能主要有：订单查询和管理、收集客户信息、优惠券、限时秒杀、线上商城、在线客服、在线分销等。

利用好小程序，就能轻轻松松地得到大流量、可观的红利。用互联网的思维经营门店，已经逐渐成为时下餐饮圈的趋势，而作为互联网新趋势的小程序，也会在门店经营中占据越来越重要的地位，这对于门店经营者来说，既是挑战，也是不可错过的机遇。

 **相关链接**

"小程序+社群"助力××咖啡

从疯狂开设线下门店的扩张性裂变策略，到现今的精细化社群运营方案，××咖啡不再以"获客拉新"为营销中心，而是开始围绕用户留存与用户复购，集中发力。

新的营销方案之中，私域流量成了××咖啡的重点，小程序与社群成了他们运营私域流量、扩大销量的最佳工具。

1.小程序

××咖啡之所以会选择小程序与社群，是因为其有如下优势：

（1）小程序自身的优势，无需安装，用完即走。

（2）小程序可以结合线上线下的消费场景，可以为下单用户提供到店自取、物流配送等多种配送方式，将线上用户引流到××咖啡的线下门店。

（3）微信的小程序生态已大致完善。与公众号、朋友圈、微信群、微信支付等打通的小程序，可以让××咖啡形成从营销推广、购物、支付到用户留存这样一个完整的商业闭环，助力××咖啡的商品销售。

（4）小程序的会员体系、积分商城、拼团等营销插件，可以更好地帮助××咖啡留存用户，提高用户复购率。

2.小程序直播

小程序直播也是××常用的促销方法。每周，××都要进行2次左右的直播，激励用户下单购物。

3.社群

微信群成为××咖啡发展、留存用户的阵地。运营人员每天都会在群里举办4次活动，发放福利，达到提醒、激励用户下单的目的。

5.4 外卖业务管理

5.4.1 开展外卖业务的好处

说到网上外卖奶茶、咖啡、甜品业务，可能很多门店经营者第一反应都是：这是与门店销售争夺客源的不可取的途径。其实不然，外卖服务对门店来说非常重要。

5.4.1.1 外卖可以带动门店销售

外卖和门店销售是相辅相成的，外卖不会争夺门店的客源，反而会通过创造增量来带动门店销售。原理很简单，网络开辟了门店的新客入口，如果体验好，该部分顾客很可能会到线下门店消费，感受过实体店内的氛围和服务后能转化成老客。

5.4.1.2　外卖可以补充门店销售

门店销售受天气、假期等的影响较大，外卖能够在门店销售不佳时支撑营业额。网上外卖订单高峰时期，大都出现在下雨、寒潮或高温、台风等天气恶劣的日子，在这些日子里，网上外卖订单量比平时增长约30%。外卖和门店销售相互补充，交易额相对稳定，也有利于门店经营计划的制订。

开店指南

> 随着手机订餐风潮的迅速兴起，在线外卖业务已为越来越多的门店带来许多额外的收益，作为经营者，应该对外卖业务重视起来，不要看作"附加"业务随便经营。

5.4.2　开展外卖业务的要点

奶茶店、咖啡店、甜品店在开展外卖业务时，要把握住图5-14所示的要点。

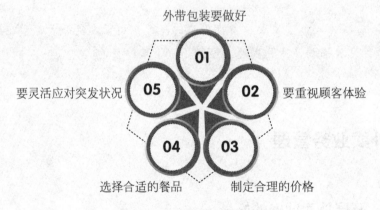

图5-14　开展外卖业务的要点

5.4.2.1　外带包装要做好

现在的时代都是非常注重颜值的，如果你的产品包装非常精致，那么送到消费者的手中，消费者会对门店产生好印象，同时也能提升门店的口碑和名气。所以门店做外卖，一定要定做专门的外带包装。这个外带包装要体现出门店的品牌形象，这样更方便顾客记忆，如图5-15所示。

图5-15　奶茶外卖包装袋截图

5.4.2.2　要重视顾客体验

想要让点外卖的顾客获得良好的消费体验，首先就得配送速度快，其次就是确保产品的好口感。

对于奶茶店而言，因为很多奶茶产品是加冰或者加热的，如果温度不合适，就会影响奶茶产品的味道，所以奶茶店在确定上线外卖的产品时一定要考虑实际情况，同时奶茶店送外卖一定要快。不然时间太长，奶茶凉了肯定影响口感，难免会增加奶茶店的差评。

5.4.2.3　制定合理的价格

价格是影响消费者决定是否下单的因素之一，价格定得太高会导致消费者不会选择，价格定太低则利润太少。所以，在定制餐品价格的时候，可以参考同行是如何定价的，再根据门店的实际情况，来制定一份合理的价格清单。

5.4.2.4　选择合适的餐品

在餐品选择方面，尽量选择大众比较喜欢、熟悉的系列，同时也要选择适合送外卖的饮品。因为有的餐品在配送过程中因为温度的改变，口感会发生很大的变化，这样直接影响到消费者的体验。所以，要选择好品类，做好产品，将产品标准化，才能保证给消费者带来好的体验。

5.4.2.5　要灵活应对突发状况

对于门店外卖生意来说，最大的突发状况就是遇到恶劣的天气。一般天气不好的时候，外卖是最不好送的，但同样的因为天气影响出行，天气恶劣的时候，正好是外卖生意最好的时候。这个时候如果你因为天气不好而不送外卖，那无疑是将顾客往别的门店推了，这时候要怎么办呢？最好的办法就是限额送，就是规定每笔订单一定要满多少钱才送，这样既不会对顾客消费产生过大的影响，也能够增加门店的营业额。

5.4.3 提升外卖客单量

有时候会出现这样的现象，明明是两家同样类型的连锁加盟店，但是生意却不一样，好评度也不一样。就拿外卖来说，很多店明明曝光度挺不错的，可是客单量就是很低。这不是因为门店品牌不够好，而是应该调整外卖措施。那么对于门店而言该如何调整外卖措施来提升客单量呢？具体措施如图5-16所示。

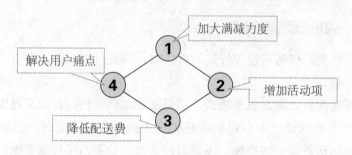

图5-16　提升外卖客单量措施

5.4.3.1　加大满减力度

做外卖的店铺都会相应地提高产品的外卖价格，但是并不是随随便便地对价格进行提升，而是在设置大额满减的同时，设定相对的价格，使得顾客实际消费并没有发生变化，但在力度上更加吸引顾客。可以发现，外卖做得好的门店，都有实打实的满减活动，即使利润小了，但是销售量上升了，同样赚钱。

5.4.3.2　增加活动项

增加特价产品、进店领券以及下单返券等活动，尽可能地推出能够吸引顾客的活动。特别是在推出新品的时候，应采用这样的活动项目来吸引顾客。

5.4.3.3　降低配送费

有时候过高的配送费会让顾客望而却步，店铺应在合理范围内设置较低的、可以被周边商圈顾客所接受的配送费，或是采用比别人低一点的配送费，甚至免配送费用。

5.4.3.4 解决用户痛点

用户的痛点其实很简单，如图5-17所示。

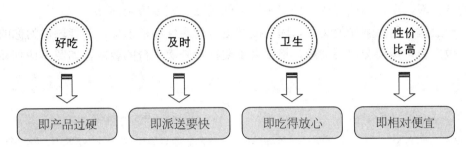

图5-17 用户的痛点

如果某个产品能解决这4个痛点，那这款产品良好的用户口碑就能让你抢占大部分的市场份额。但是对于现在大多数的普通商户来说，虽说现在由于外卖平台的出现，及时性已经得到比较好的解决，但是要同时做到其他几点非常不容易。对于普通的商家来说，可以选择一个点先行突破。

5.4.4 提升外卖销售额

外卖平台，现在已成为很多门店老板新的销售战场。一些外卖做得好的门店，甚至每天光是外卖销售就能超过每天营业额总数的一半，而现在也有很多私人小店铺，完全是靠外卖平台的销售额来支撑。所以想要提升门店的营业额，做好外卖平台上的销售是非常重要的途径。那么，怎么才能提升门店在外卖平台上的销售额呢？可参考图5-18所示的方法。

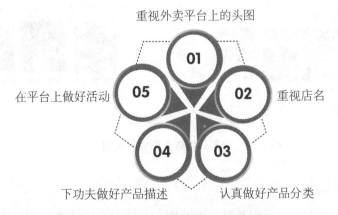

图5-18 提升外卖平台销售额的方法

5.4.4.1 重视外卖平台上的头图

在外卖平台上，头图相当于门店的一个门面，头图的效果可以直接影响进店用户的转化率，所以你的门店在外卖平台上的头图一定要吸引眼球。

一般建议用品牌作为头图，因为品牌更具代表性和辨识度，还能顺便为你的实体店做广告。头图一定要清晰，格式大小要符合外卖平台的要求，如图5-19所示。

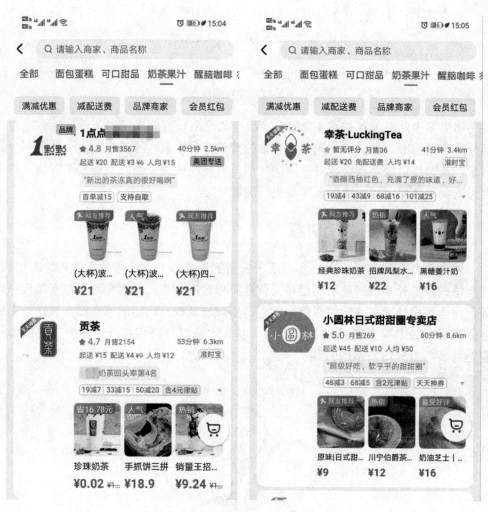

图5-19 奶茶外卖店头图效果截图

5.4.4.2 重视店名

有很多店家将名字改了，但是其他都没变，外卖平台上的销量却能翻倍，由此可见，店名也是影响外卖销量的一大因素。

如果你的门店是主打外卖，那么一个有个性的店名，绝对能帮你吸引更多消费者；如果你的门店本身就是一个知名的连锁品牌，那就无须更改，直接利用加盟连锁品牌的名气也能获得很多消费者的信任，可以直接采取"品牌+××店"的命名方法。如果你是商圈店，地址可以是知名度较大的商圈。具体如图5-20所示。

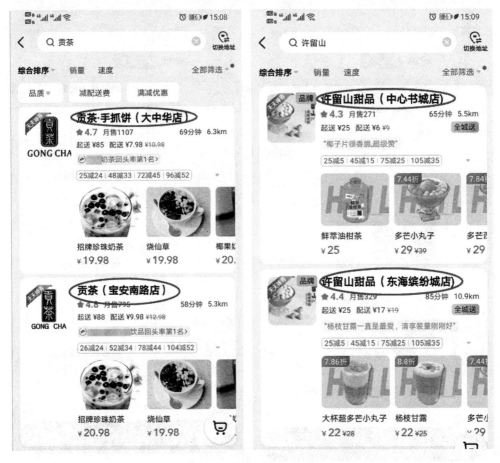

图5-20　奶茶外卖店名截图

5.4.4.3　认真做好产品分类

门店在外卖平台上一定要做好产品的分类，这样可以更加方便消费者选择，也能有效增加消费的成功率。而在产品的顺序方面，也是要分清主次的，可以根据门店的主打产品来安排位置，也可以根据销量来调整。

有些门店产品系列多，产品要不要全部上线，这个要根据店里的实际情况进行。通常，产品分类不能太多，要便于顾客点单，一般是新品、热卖、优惠套餐，再加上主打产品分类即可。产品的选择也要突出重点，不可无主次全部上线。具体如图5-21所示。

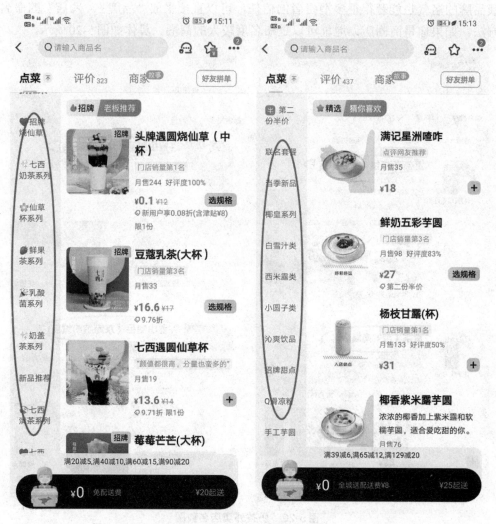

图5-21 奶茶外卖产品分类截图

5.4.4.4 下功夫做好产品描述

网络外卖平台展现的产品毕竟都是虚拟的，这种情况下想要让消费者更加便捷地去选择，清晰的产品图片和适当的语言描述就是顾客了解产品的主要途径了。在对产品的描述上面，可以尽可能地标明原料、分量、制作工艺、产品特色等。具体如图5-22所示。

图5-22　奶茶外卖产品描述截图

5.4.4.5　在平台上做好活动

奶茶店入驻美团、饿了么等外卖平台以后一定要经常做活动，通过各种促销吸引消费者。新店上线的时候一般做满减活动，首单有优惠。外卖平台还有其他促销活动进行，比如限时折扣、优惠套餐、产品折扣等活动。具体如图5-23所示。

图 5-23　奶茶外卖促销活动截图

💡 **开店**指南

如果你的门店想要开始做线上外卖的销售，要像开实体店一样，对你的网上店铺通过文字与图片来进行仔细"装修"，这样才有可能成为一家成功的外卖平台精品奶茶店/咖啡店/甜品店。